臺大與我

1950年代，我的青春歲月

洪朝枝——著

▲夙夜憂勤，事必躬親，為臺大立下百年基礎的傅斯年校長（1896~1950）

台大校訓

敦品勵學

愛國愛人

敬錄傅斯年校長題署

年少時候
我多荒唐
欲策銅馬
馳騁而去
於台南忠烈祠

憂愁恰如夏草，
濃密密．
是否能得実現？
台大夢！
一九五三年初到台北
應考大專，考期
將近，攝於新公園

看！我Freshman時的神氣
一九五三寒假
于草山

007 / 照片

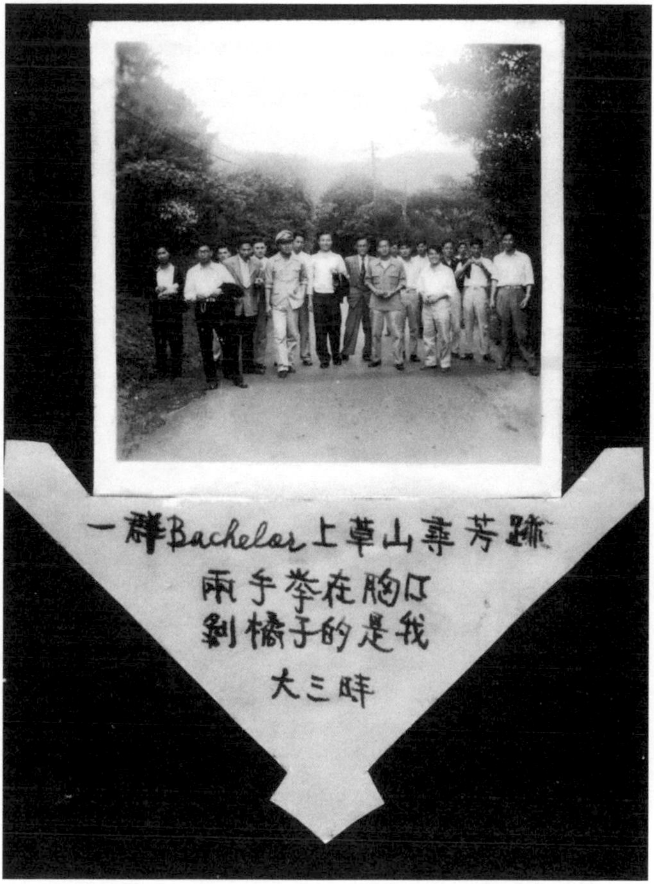
一群Bachelor上草山尋芳跡
兩手拳在胸口
剝橘子的是我
大三時

Bachelor of Arts
四年一覺大學夢．
帶上了方帽子，
我悲喜參半．
啊，年青的文學士！
去日苦多，來路方艱，
事業，愛情，理想，
都在等着你去完成．
在人生的戰場上，
我要做個勇士！
賴上帝幫我！
一九五六．六．十四．
畢業典禮後．

▲臺大四十四學年度畢業紀念冊學士照

▲陸軍預備軍官照，攝於車籠埔光隆營房，一九五六年十二月

一個男人的一生中，當兵的日子不管是得意或倒楣的，一定都是最值得懷念的難忘經驗。

▲作者預官時代是輜重兵少尉，通信連汽車官。這張照片是作者登運兵船前所攝，右手摸著手槍。

▲教師時代（初任馬公中學英文教師，後轉任高雄女中英語教師以迄退休）。

▲作者與妻子高音

▲臺大文學院今昔

▲重遊臺大時攝於臺大文學院前

▲重遊臺大，背後是傅鐘、辦公大樓

▲作者與彭明敏先生合影

▲參加「苦行救臺灣」遊行

▲參加「臺灣教師聯盟」反核靜坐

▲作者投身「環保文化大隊」活動及參加建設「新臺灣」的研討會

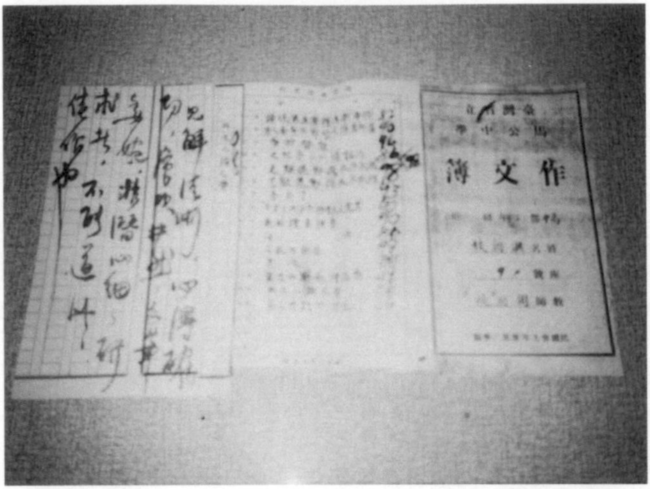

▲恩師周潤岐老師作文簿上的批語

▲長孫洪台榮，民國104年6月，臺大生物產業機電工程學系畢業

推薦序一

朝枝先生：回臺後即拜讀大作《臺大與我》，回憶和懷念之餘，百感交集，真是日人所謂「感慨無量」也。

您的文章生動而寓於真情，讀起來甚有興味，欲罷不能。

當時我家在溫州街十八巷，左鄰是臺靜農，右鄰是工學院長（忘記名字），對面是李濟，斜對面是吳相湘，後鄰是圖書館長蘇薌雨，都是老輩名教授，我卻是蒼面年輕，都無深交，但時常碰面也聽到他們的種種，那是我一生很特異而難遺忘的一段歷史。

您的文章有獨特的魅力，還是請多寫。

回想你就讀臺大外文系（一九五二—一九五六）期間，我雖已回臺大政治系擔任副教授，但你並未選擇修我的課。日後我自己的人生發生了天動地變的轉折，長年流放海外。

一九八七年長達三十八年的戒嚴終告結束，從回到臺灣那天開始，你一路情義相挺，支持我的政治理念，在我奔波演講的場合，始終都會看到你的身影。我們雖無實際的師生之誼，我比你痴長十幾歲，但在我心中視你為摯友和知己，也對你懷著滿心的感激。

前總統府國策顧問
彭明敏

推薦序二

能和洪朝枝老師由結識到交往，完全是一段奇緣。摯友張良澤教授在解嚴之後，有如鮭魚還鄉，回到他深愛的臺灣。淡水商工管理學院改校名為真理大學，成立臺灣第一所臺文系，由陳凌博士出任第一任系主任，後來由日本回臺的張良澤接任並成立臺文館，不久他創立了「臺灣文學評論」季刊（二〇〇〇年七月十五日~二〇一二年十月十五日）共計四十六期。我因為為該刊寫封面故事，在擔任總校對工作時，認識了許多前輩文友，洪老師即其一。我們由高雄/士林開始通信，雖未見面，但是洪老師開始在該刊寫文章直到該刊畫下句點往後的十多年間，我們通信十分頻繁，允稱心靈相契的文友。

本書初由作者自印，裝訂十分樸素，一律只送不賣。如有讀者匯款，全部捐給臺灣教師聯盟。讀到此書的朋友，沒有不為他文筆中流露的風骨和內容所感動。

洪老師出生於一九三三年澎湖馬公市，日本敗戰那一年他正好讀完小學五年。因為他是家中的老么，上面的兄姊都接受日語教育，所以耳濡目染，他也和他（她）們在家裡或簡單的圖書室裡閱讀日文書籍。在馬公中學念完六年中學投考大學時，他同時分別考上省立師範學院（今國立臺灣師範大學英語系）與臺大外文系，因為當時尚無大學聯招。

洪老師是班上錄取臺灣大學三名學生之一，至於他何以選擇臺大，又在四年大學生涯中有如一隻孤鳥，獨來獨往，沒有參加任何學校活動，本書約略點出他的心路歷程。很多朋友讀了本書，都異口同聲表示：洪先生日文紮實，在臺大選修黎烈文教授法文前後三年，他與顏元叔同班，如果他也有機會去美國深造，不甯在臺灣中學擔任一名英文教師終其身，他的成就必定足與顏博士相頡頏。

《臺大與我——1950年代，我的青春歲月》這本書寫出生於澎湖馬公，如何遠從偏遠的離島，輾轉來到臺灣報考，同時考取省立師範學院英語系（今國立臺灣師範大學）與國立臺灣大學外文系，他懷著嚮往自由學府的高度熱忱，做了一生無悔的抉擇，放棄師院公費而選擇臺大。這所日治時代創立的臺北帝大，戰後出任校長最有名的當推傅斯年先生，傅校長擔任臺大校長雖然未滿兩年，但夙夜憂勤力謀改革，為臺大鞠躬盡瘁的身影，長為臺大師生緬懷銘記。

洪先生就讀臺大外文系四年期間，彭明敏先生甫從加拿大名校麥吉爾大學獲得法學博士學位，並在臺大政治系、法律系擔任副教授。與洪先生雖未有真正的師生之誼，但日後由於政治理念相同，對臺灣建國的信念與堅持，使他們兩人成為一生的知己。

本書現由其次女洪行敏女士交由秀威資訊科技股份有限公司出版，文稿由一位與洪家素昧平生的林靖邦君（臺大數學系學士、資訊工程碩士）義務協助，一個字一個字用心打出全書，洪家要我在此代為表達謝意。好友蔡登山兄與責任編輯杜國維都為此書付出不少心力，在此一併致謝。封面臺大校門一景是李乾暉先生拍攝的，謹此表示謝意。

本書此次增錄趙麗蓮博士，一九六四年告別杏壇前夕，對應屆畢業生發表的"The Last Lesson"講詞（附錄二：臨別贈言）及他懷念恩師馬公中學周潤岐老師的文章，相信對作者一生求學的轉折與歷史時空能多增加一份臨場感。

作家　曹永洋

自序

我生平只得過一個第一名——高一時全校作文比賽冠軍；只有一次出人頭地——以一位離島高中畢業生考上臺大外國文學系；只有一件引以為傲的事——在威脅利誘下拒絕成為中國國民黨員。

我小學時學日語，中學時學中文，大學時主修英文選修法文。我以臺語和家人講話，用日語與同輩友人交談，後來以北京話授課。語文的混亂是我寫作的致命傷。

大學同班中，我是真正喜愛文學且志在學文學的少數人之一。入學之初，自視頗高；無奈四年來與世界名著接觸的結果是畢業時發覺「江郎本無才」

（畢業論文自序語）。告別了「強說愁」的「年輕的時代」，也告別了握筆的日子。服預官役，開始教書，結婚，生兒育女；工作與勞務幾乎佔去我所有的時間，「忘我」的時光飛逝無痕。直到年近半百才驀然回首，試圖尋回往日的自己。先是紀錄些「師生之間」的事，後對臺灣的前途提供些「書生之見」。情意與理念總是油然而生，但要形之於文，卻常覺筆重千斤；因此我的文章是篇篇「難產」！現在步入老年，更覺力不從心，也許就此打住了。

人，來時兩手空空，去時兩袖清風。在「好歹給這個世界增添一點東西」的心情下，把過去的作品纂輯成冊，意在贈與親朋好友，同事，學生。倘因此能倖免於「與草木同朽」之譏，則我願足矣！

洪朝枝

目次

推薦序一／彭明敏 019
推薦序二／曹永洋 021
自序 025

「臺大與我」緣起 029
臺大四年　過眼雲煙 030
「想當然耳」，不當然是 050
雖世殊事異　何妨談談 067
愛，讓我們飛出去吧 099

未靠岸的船 102
年輕時的古戀歌／Vieille chanson du jeune temps 105
懷念 黎烈文教授 110
追思 方東美教授 119
臺大一九五二——自由中國最後一盞燈 125
懷念省立馬公中學周潤岐老師 133
後記 140
附錄一：憶臺大師長／張琴虎 143
附錄二：臨別贈言／趙麗蓮 150
回響 155

「臺大與我」緣起

許多晚輩對我求學時代的臺灣教育界的人事與環境有興趣；有些學生對我這位與眾（師範體系出身的教師們）不同的老師非常好奇。對於他們試探性的問話，我一直冷漠以對，不回應就是不回應。

我的理由有二：一是開口閉口「我們當年如何」是老人的徵候之一。七十歲以後，我時時告誡自己不要老態畢露。二是俗語說「好漢不提當年勇」，我既非「好漢」，當年也不「勇」。有什麼好說的？

讀到一篇reminiscence therapy（懷舊治療）改變了我的想法與作法。既然對自己的心身有益，又可滿足別人的需求，何樂而不為？

臺大四年 過眼雲煙

傳鐘聲中尋自由

我能考上臺大外國文學系，出乎所有人（包括我自己）的意料；唯一例外是教我高三國文的導師。放榜前他對我三哥說：「沒有問題，沒有問題！」我曾寫有專文〈懷念省立馬公中學周潤岐老師〉來紀念他的知遇之恩。

進入夢寐以求的臺大後，我是獨來獨往的邊緣人。我天生膽小，再加在澎湖發生的「山東聯合中學師生匪諜案」嚇壞了我。當時傳言「臺大是匪諜的最後巢穴」。除了上課，我不敢參加任何課外交誼活動。臺大學生上課，不點名，沒有固定座位。除了在教室內與碰巧坐在附近的同學點點頭外，我沒有結交任何新朋友；而舊朋友，全文學院中，我找不到一位「澎湖同鄉兼馬公中學校友」。

傅斯年校長建立的「學術自由，校園自主」正面臨嚴酷的考驗。錢思亮校長守成不易啊。在此動蕩不確定的年代，我試圖在臺大尋找我嚮往已久的自由。

若有若無師生情

拜國民政府從中國大陸撤退來臺之賜，許多名教授匯集到臺大。光是在外文系教過書就有：陳大齊（後轉任政大校長）、曾約農（後轉任東海校長兩年，再回臺大外文系任教）、英千里（退休後任輔大副校長）、方東美（我曾寫有專文〈追思方東美教授〉）、黎烈文（我曾寫有專文〈懷念黎烈文教授〉）、趙麗蓮、盧月化、黃瓊玖、王國華、周學普、臺靜農、吳相湘、傅啟學等。

老師通常不記得學生，除非學生是「狀元學生」；學生自然地懷念老師，不管老師是不是「狀元先生」。

一、陳大齊先生

大一都是必修科，選課不難。但導師要由學生自選，前所未聞；我一時不知所措。再說，校方並未提供各任課教師的簡介。我喃喃自語：「一個都不認識，怎麼選？」一位好心的同學建議說：「假如你沒有特別考量，陳大齊是好好先生。」我自忖：如果要考慮，教本系科目的教師較適合吧。但教大一有關英文科目的教師，不是神父就是修女。「好吧，無可奈何，就陳大齊算了」我下了決心。當時我連他教的「理則學」是什麼都弄不清楚。

陳師擔任我的導師一年，只跟我個別見過一次面，談話不超過三分鐘。他問：「澎湖來的，難得啊！有困難嗎？」我答：「陳教授，我操行分數要八十分以上才能申請獎學金。」我明知這話唐突，甚至失禮；但風聞臺大教師對分數有絕對自主權。有人私訂標準：最高七十，最低五十。有客觀考試分數可依據的學科成績尚且如此，況主觀的操行乎。我擔心眼前這位祖父級的老師眼中，我的操行能值多少分。事情的發展出乎意料；他沒有動怒，跳躍式地換別的話題。「會講日語？」「會，小學讀到五年級。」「好了，你可以走了。」後來我獲知陳師是日本東京帝國大學畢業的。

限於個人天資，上理則學（Logic）課，我對「白馬非馬」似懂非懂。我最大的收穫應該在於此後我知道每用一字必須考慮其字義範圍，每講一句必須注意其上下推論是否合邏輯。至於我對陳師思想的瞭解其實大部分來自課外閱讀。

陳師將印度因明學，中國名學，西洋邏輯溶於一爐而冶之。從外觀（花白頭髮，一襲長衫）看，像極了清末民初的大儒模樣的陳師；他的思想卻蠻「新潮」。試舉二例證實我所言非虛。

（1）陳師不苟同傳統中華文化中的「法天主義」，而主張「人定勝天」（臺銀週刊一九五一）。文中他解釋：「不是說人的力量一定能夠勝過自然，而是說，人為的一定比自然而然的要有價值」。

（2）從「對於簡體字的希望」（新生報一九五四）看，陳師贊成使用簡體字。他說：「中國文字艱難，對普及教育確實不利」，他又說：「文字原本不過是種工具」。受陳師啟發，「臺語」成為顯學的現在，我主張「臺語」應該採用拼音字，不必刻意要找一個漢字來代表（受漢字影響很深的韓國、越南現在都使用拼音字）。陳師發表上述主張後一甲子，中國大陸早已採用簡體字，反觀臺灣一批冬烘先生仍堅持用繁體字才是中華文化的精髓，咳！

在此容我插入兩段二十世紀中葉臺灣學術界的趣聞。據說蔣介石來臺之初，原屬意胡適當臺大校長，但胡對臺灣的前途不樂觀，藉故滯留美國（好像是任職某大學圖書館）。不怕死的傅斯年擔任臺大校長後，每夜枕頭下藏一把手槍。傳言有一次傅坐在松山機場貴賓室，老蔣隨後進入，傅竟然沒有站起來；老蔣一臉尷尬，兩人打哈哈了事。

世事難料，韓戰爆發，在中美協防條約下，臺灣地位穩若泰山。不久胡適回臺擔任中央研究院院長。我聽過兩次胡的演講。他說：「有人告訴我『胡先生，你可回來了，目前在臺灣就只有你有言論自由』，我想假如這話是真的，那真是不應該，不應該，不應該的！」另有一次，我聽他講《水經注》，隔行如隔山，有聽沒有懂。

回到正題。陳大齊一八八七（民國前二十五）年生。曾任北京大學教授，代理校長。他比上提胡、傅兩人年長，又比他們長壽（活到九十七歲）。就我而言，人品或學問，陳師都不亞於胡、傅兩人；只是他內斂，才德不為外界所知。陳師桃李滿天下，總該有他的「狀元學生」把他的學問及生平整理成書。那麼我該列名在他最年幼的門生中；因為我升大二時，他就離開臺大去擔任政治大學校長。

五十六年前，第一天在臺大人海茫茫中，我無可奈何地抓住「一根稻草」；我三生有幸，抓到的是一隻巨人之手！畢業同學錄上沒有陳師的玉照；這無妨，因為我對他的懷念是「形而上」的。

二、趙麗蓮先生

二十世紀中期，臺灣英語界有兩位名人：

（一）錢歌川，任教臺南工學院（成大），發行The Pacific English

Fortnightly。創刊號問世時間在我考大學的幾個月前。我訂閱半年。回想起來，我有點佩服自己的勇氣。現在的高三學生，有幾個敢花時間去閱讀課外雜誌？

（二）趙麗蓮，任教臺大，發行The Students' English Digest。我進臺大後才知道這本英文月刊，陸陸續續零購了幾十本。當年美、臺關係密切，臺灣社會瀰漫「學英語潮」。那是既無英語補習班，也無電視英語教學節目的時代。電臺廣播英語節目是惟一管道，因而趙麗蓮成為家喻戶曉的人物。她悅耳的英語發音陪伴許多臺灣菁英長大並增廣見識。空中教學使Dr. Lilian Chao 在校外的聲譽響叮噹。但就上她「西洋文學名著」課的我們學生而言，她不能算是一位好老師。我們的怨言不是無的放矢。

（1）上課時她挑出某名著裡的兩三段，叫一個同學讀一遍，然後由她解釋一番。這種事我們只要勤查字典即可自己辦到。我們期待教授對作者的用字、造句作分析；指出譬喻、影射、象徵的妙用；告訴我們故事所反映的作者人生及時代背景；如此才能提升我們欣賞或創造文學作品的水準。有幾位自命文學青年的同學私下抱怨說：「外行教內行」。原來趙先生是學音樂出身的博士。

（2）趙先生雖然是臺大專任教授，但她忙於外務。開學兩週，她尚未來上課；而期末她提前兩週結束。學期中每人每週要讀一本名著，我被迫讀了不少書。期末她交代每人交一篇讀書報告，由班代表收齊送到她的宿舍。我懷疑她有時間評閱嗎？但只要學期分數及格，誰在乎呢！

我對趙先生的懷念在她的人格特質。每次在校園內遇見她，看她那種西洋貴婦人模樣（她是中、德混血），自然脫口喊一聲Good Morning（重音在

or），她答Good Morning（重音在oo）。回想起來有點像現在的幼童上美語會話班時的那種喜悅。

一年中只有一次見識到這位高雅的「貴婦人」動怒時的嚇人氣勢。有一位同學看到「趙麗蓮教授因病請假二天」的佈告；心想「今早我明明聽到她的空中英語教學……」當晚打電話去把她罵一頓。次週，趙先生一上講臺，足足罵了五分鐘：「當一個學生聽到老師生病時，自然的反應該是擔憂老師的身體，考慮要不要去探病。」「你們之間卻有人讓惡念蒙蔽善念及常識……難道不會想到許多電臺節目都是預先錄製的嗎？」全堂鴉雀無聲，沒有人敢抬頭。

幾年後，聽一位學妹談起，她們準備替趙先生開慶生會。本以為安排切蛋糕最適合，但趙先生卻說「照我們的習慣，吃壽麵，不是更好嗎？」

一九六四年，趙先生告別杏壇前夕對應屆畢業生發表The Last Lesson。文中的警句是：追求MONEY與POWER會毀掉一個人的終身幸福。據說有一位學生吐嘈說：「老師天生有錢又有權，而我們窮畢生之力追求恐怕還得不到呢」。趙先生的父親曾任北洋政府的教育總長。她嫁的夫家比她娘家更有錢。但後來因故離婚。

好多年後得知趙先生有一位在中學教書的女弟子向她求助說：「有機會到美國進修，苦無經費；若能成行，將來學成返臺後將繼承老師的衣缽，終身致力於臺灣的英語教學」。趙先生慷慨地拿她的退休金資助她。幾年後她來信說：「老師，我在美國很幸福，即將結婚；臺灣，我不回去了。」因為當時我已為人師多年，對學生的無情心有戚戚。但我安慰自己：「我比趙先生世故，我不會被學生騙錢」。趙先生晚景不佳，令人不勝唏噓。

（因為她不喜別人用性別差異對待她，外文系師生都習慣於叫趙麗蓮「趙先生」。文中我再三使用這三個字，表示我的尊敬與懷念。）

三、英千里先生

外文系系主任英千里先生教我們大一的「西洋文學史綱」。他上課一氣呵成，五十分鐘絕無冷場。把希臘神話、羅馬神話、聖經故事講得繪聲繪影，使人如身歷其境，超越了古今，超越了中西。一個學年在不經意中結束了，我們才發覺：中世紀文學呢？現代文學呢？

英主任的課沒有教科書，沒有講義；不考試，不交讀書報告。他收看學生上課時寫的筆記來評分。他上課時，偶而不得不在黑板上寫幾個漢字。每次我看了就暗自慶幸「原來還有人寫的漢字比我寫的漢字難看！」我的「筆記分數」有七十多分，很可能是他對我「同病相惜」之故。

英主任教我們大四的「文學批評」。上這個課使我第一次見識到什麼才是「真正的學問」。或許此時我個人的學識已經增進到某種程度，有能力領會他傳授我們的「如何去評價一件藝術品，尤其是文字的藝術品」。

沒機會讀到英主任大陸時期的著作是件憾事。他來臺後好像沒有什麼著作。因為他是《學生英語文摘》的顧問，偶而有文章刊登在月刊上，但大部分屬「語文層次」。我只讀過一篇Tests of Good Literature（文學的尺度）是屬於「文學層次」的作品。此文用英文寫成不奇怪，文中以Aristotle（希臘哲學家）的理論來分析，並以Hsi Yu Chi（中國著名小說西遊記）當例子來說明；才令我大開眼界！

英主任是天才型的人，他大概沒有想到像我這樣的庸才是要鞭策才能成材；所以我們之間沒有留下「嚴師出高徒」這樣的美談。我對英主任的懷念大都在他處理系務的能力，那種厚道又不損原則的為人處世的方式。（多年以後我才得知他留在大陸的公子英若誠是著名翻譯家、大學英文教授，而且是一位名演員，《末代皇帝》中飾演審訊溥儀的老共就是他，說來真是家學淵源啊！）

（一）夏濟安初到臺大時教大一英文。學生反映「聽不懂」。英主任不信，親自去旁聽了一堂課。他發現夏先生不只發音不精準，還「結巴」；這是一位語文教師的致命傷。「逃難嘛，總不能讓人家沒有飯吃！」忍到期末英主任與夏先生懇談一番後，發現他是內蘊型才子。後來夏先生教我們大三的「小說選讀」，師生如魚得水。這證明「內行人看門道」。想看熱鬧的大一小毛頭豈有福消受？後來夏先生主編《文學雜誌》，當年臺灣文壇新秀，如王文興、白先勇、陳若曦都得到他的栽培。

（二）教「英國文學史」的張教授（忘了他的名字）是個率性而為的名士派。他常把課調到晚上，害苦了通學生。大家去向英主任訴苦。他說：「同學啊，我差一點沒跪下才請到他來教你們；人家可是在英國教英國學生英國文學的呢！」

張教授又一次給英主任出狀況。二分之一的學生不及格。這一次英主任找到張教授，語帶威脅地說：「一半學生要重修，表示你下學期有一點五倍的學生！」張教授終於讓步了，每人加十分。我原來的分數是五十。英主任略施小計助我保住「四年All-Pass」，這個就我而言是難能可貴的紀錄。

（三）很多選修「莎士比亞」的同學表示要退選。英主任爽快地答應學生的要求，他說：「我錯了，因為開學在即，找不到適當人選，友人介紹，我想人家好歹是個文學博士嘛。最近我讀過他的論文，狗屁不通啊！你們就退選吧！這位洋大人大概會知難而退。」

插入一段後話：有一次我的學生問我：「老師是學外文的，為何沒有一點崇洋的心態呢？」我答：「那是因為當年教我們洋文的，黃臉皮的都比白臉皮的有學問！」

英主任訓斥不想選第二外國語的學生「沒志氣」。想當年他進倫敦大學大學部讀書時，已經會五種語言，令人難以置信的是，其中包含拉丁文。

蔣介石逃來臺灣的同時，派軍機降落在北平大馬路，將一批名教授搶運到臺北。英主任的家眷都留在大陸，有一次讀外文報得知他的長公子（即上面所提的英若誠教授）在擔任毛澤東的英文秘書。每年教師節，老蔣照例在總統府宴請教授們，只是這每年一次的饗宴能撫慰教授們妻離子散的悲痛嗎？英主任課餘都在看偵探小說！退休後的英千里先生到輔仁大學當副校長，我想他在那裡會工作得帶勁些，因為原來大陸的輔仁大學是他的父親英斂之創辦的。

我懷念的老師除上述三位外還有方東美及黎烈文；此外，黃得時、夏濟安、蘇維熊三位我打算將來寫專文來敘述我對他們特殊的感念。經由自我剖析，我發現我所懷念的老師全是我在某些方面有點像他們的人。感性一點說：「同是天涯淪落人」，悲情一點說：「蕭條異代不同時」；換言之，我們都是

「不合時宜知己少」的人。

踽踽政治這條路

一九五二年，從一出門就看到穿草綠色制服的人，夜間有宵禁的澎湖馬公，來到自由主義的樂土臺大，我心身同感無比輕鬆暢快。當時流行一句話：在臺大，每一個人是一個獨立的政府！

好景不常，軍訓成為必修科，學生被迫加入救國團；教官管理學生的課外活動及宿舍生活，所幸我的四年大學生涯中政治的黑手尚在試探階段。教官在校內不敢明目張膽穿軍裝。學生與教官有爭執，總是教官被調職，以平息眾怒。學生只要沒有「赤色嫌疑」；想說什麼能說什麼。但談到「政治」，大陸籍教師如驚弓之鳥，臺灣籍教師噤若寒蟬。他們的沉默說明了這一代知識份子的悲哀。

我不是有耐心做學問的人才；在圖書館的時間少，在報紙、期刊閱覽室的時間多。此時的警總還沒有那麼厲害；來自世界各國、臺灣各地的所有資訊在臺大都讀得到。四年下來，在我的心中，「自由、民主、臺灣、世界」這四個概念慢慢凝固成堅定不移的信念。我學會根據地緣與血緣來思考臺灣在自由民主的世界應有的地位。這是我臺大四年最大的收穫。

臺大畢業，經歷了不堪回首的一年半預官生活後退伍。接下來我屈就中學教師三十三年後退休。我說「屈就」，不是自大；只因當年我同時考上師範學院，但毅然放棄四年公費的特權，選擇讀臺大。我到頭來走「培育英才」之路乃宿命難逃。

本文中我說「政治這條路」，這個「政治」是廣義的。凡是當官、選民代、替人助選、加入社團、寫政論文章，都算「政治」。在如此廣大的領域中，五十年來，就我所知，竟找不到有那一位名人是「臺大外文系出身」。所以政治這條路，我只好踽踽獨行。

我是臺灣教師聯盟的發起人之一。我們到全島各鄉鎮去演講，喚醒人民的臺灣意識，推廣自由民主的理念。一九九六年我替彭明敏教授助選。所有參與總統選舉工作的人都認定我是彭教授的學生；換言之，不是政治系就是法律系出身。（詳看「那一場維護臺灣人尊嚴的選戰」）。政見會入口處的桌子上擺的書，一疊是《自由的滋味》，旁邊一疊是拙作《自由的滋味評介》。遠見雜誌資深記者林蔭庭小姐到寒舍訪問時，不解地說：「可是我想深一層瞭解彭教授，競選總部推介我去訪問的幾個人選有你呢？」（詳見《遠見》雜誌「永遠的彭明敏」）。

我寫過五、六百篇政論文章。刑法第一百條廢除前用匿名發表，廢除後才敢用真名。

我辜負了臺大外文系教授們的教導，我慚愧未能接棒續走「文學之路」。但我用一支禿筆啟發臺灣人「立足臺灣，放眼世界，追求民主自由」這個從母校得來的信念。但願我不致於辱沒「臺大」這個光榮的出身。

二〇〇八年七月二十七日完稿

二〇〇八年十月十五日 臺灣文學評論

「想當然耳」，不當然是

傅斯年（一八九六年三月二十六日—一九五〇年十二月二十日）

字孟真，山東聊城人

臺灣大學校長

一、臺大是匪諜最後的巢穴？

高三時聽一位「匪情專家」任卓宣說：「臺大是匪諜在臺灣的最後巢穴。」這句話影響了我的一生。同樣這句話給傅斯年招來莫大的誤會。既說：「臺大是匪諜的巢穴」，臺大校長傅斯年豈不是匪酋？退一步說那只是比喻；但「想當然耳」他至少是個「親共人士」吧！其實這個推想大謬不然。

中日戰爭前後，中國大陸上的「進步人士」（學者、作家、記者）大都同情中共，而厭惡國民黨。傅先生對國民黨政府的貪官污吏深惡痛絕，但他卻是個「反共大將」！

追根究底，雖然傅斯年進北大時讀「中國文學系」，但他一生所從事的大部分在「歷史語言研究所」。我想，因為研究歷史，他發現併吞中國領土最多的是蘇俄，蘇俄是中國的世仇。而他認定中共是蘇俄的「第五縱隊」。

試舉一例。「西安事變」時，傅斯年力主討伐叛軍（受中共唆使綁架蔣介石的張學良部隊）。讀者應注意到這個主張隱含著「不惜犧牲蔣介石的性命」。他「大是大非」的個性從此可看出端倪。倘當時其主張被採納，中國歷史將重新改寫。

回到「臺大」。「臺北帝國大學」原本只是日本九個戰前的國立大學之一。且是為了「南進政策」而創立的研究型大學。我上臺大時發覺：怎麼教室這麼小？

國民政府倉皇逃到臺灣來後，臺大突然變成中華民國的首都大學。配合如此巨大的轉變，百廢待舉。況且從中國大陸五湖四海逃亡來臺的三教九流教授那麼多，誰壓得住陣腳？在胡適推辭校長一職後，傅斯年堪稱不二人選。

傅校長以他的「骨氣」抗拒外力（近來有的校長靠上頭恩賜取得），以他的「霸氣」鎮住校內（近來的校長要靠向同仁送禮、請託拉票）。我引以為傲的母校臺大，現在有一位「特異功能」的校長。唉，不可說，不可說。臺大師生的言論自由包括罵政府。高中同學黃君讀經濟系，他說有的財經教授，上課時有一半時間在罵國府在大陸時的財經政策。本來嘛，國府在大陸的失敗，首先是經濟破產，然後才軍事崩潰。你說他們檢討失敗原因就不是「忠黨愛國」嗎？

現在國民黨政府似乎要在臺灣讓歷史重演。有良心的財經學者專家們，怎麼聽不到你們的罵聲？（當然有，同鄉學長黃天麟先生就常在《自由時報》提醒「臺灣被邊緣化的危機」，可惜先知寂寞。）

總之，有些人認為「臺大是匪諜在臺灣最後的巢穴」，我卻認為「臺大是烏雲滿天的臺灣最後一盞燈。」

二、傅斯年之死

「傅斯年之死」是發生在半個世紀前臺灣教育界的大事，事情發生時眾說紛紜，且只是片段消息，沒有完整記述。

當時滿腦子都是「臺大」的我，在報上讀到「臺大校長傅斯年猝死在臺灣省參議會會堂」一時，萬分震驚。據說他在參議會回答參議員質詢後，要走出去時倒地不起。次日報紙上有消息：臺大師生兩百餘人高舉「痛失良師」布條，打算要去包圍參議會，為校長討回公道。當時臺灣只有官辦的幾家報紙，事情的細節及結果我都沒讀到。

綜合我在臺大四年中聽到的傳聞及在期刊閱覽室查到的資料，把它合併成下列數點：

（一）臺大是國立的，何以校長要到省參議會備詢？當年中央機構倉促搬遷來臺，尚未正常運作，臺大的一切都仰賴臺灣省支援。後來還因為美援的分配而有爭執（這是後話），所以臺大校長到省參議會備詢並不奇怪。

（二）臺大大陸籍師生認為小小的臺灣省參議會，幾個受日本奴化教育的參議員，膽敢以不禮貌的言詞激怒他們偉大的校長，使他怒火攻心而死；是可忍，孰不可忍？

（三）抗議事件很快平息，傅夫人俞大綵女士（第二任妻子，滬江大學畢業的新女性）的態度是關鍵。她突遭變故，痛不欲生。但她及較親近的親友都知道傅先生早有惡性高血壓宿疾，曾一度赴美就醫，本來遵醫囑應該再去治療。但他臨危受命接掌臺大校長，公而忘私。

（四）傅先生擔任臺大校長未滿兩年，但夙夜憂勤，力謀改革，為臺大立下百年基礎。要怪，只能怪他事必躬親。所以蔣介石的弔唁文：「……孟真先生積勞逝世……」我想是中肯的評語。傅先生斷氣時血壓高達二百三十度，醫學上判定死於「腦溢血」。

（五）臺大為悼念傅校長，停課一天，並下半旗致哀。許多悼文或輓聯中，給我深刻印象的是：臺靜農（大一時我上過他的「中國文學史綱」）輓：「跡儒俠而近名法，外死生以殉教育」。

三、傅斯年校長音容「永」在

四年臺大，我一共參加了兩次校慶慶典。

第一次，八時多操場上（當時沒有活動中心）散佈著數千名學生；新知舊雨（同鄉、中學校友、在社團認識的別系學生等）三五成群地都在開「小型會議」。談著、笑著、拍肩、拉手，渾然忘記今天到此地是幹什麼的。司儀喊了三次：「九點了，請各位同學擠到中間來，大會馬上就要開始了。」好一個「擠到中間來」，臺大學生真是一盤散沙呢！由兩位校警而不是學生來升旗，感覺滿新鮮的。

校長訓話時，錢思亮講了一大堆數字，我等「文學生」聽起來索然無味。倒是偶而插一句「傅校長說」「傅校長規定」「傅校長計畫」，頗有醍醐灌頂的效用。假如有外人在場，一定以為現在的校長仍然是傅斯年，而錢思亮是管總務的「副校長」！

旁邊有一位向來說話不留口德的同學說：「傅斯年陰魂不散。」我罵說：「你狗嘴吐不出象牙，應該說傅校長音容永在。」

第二次，我姍姍「去」遲。前面有五、六個大陸籍學生（從年齡可判斷出來）一路談笑風生地走到大門口。突然兩個憲兵擋住前路，喝道：「幹什麼的？」事出突然，大家愣住了。學生甲：「怪了，這裡是臺大，我們是臺大的學生；你問我們『幹什麼的？』」學生乙：「對了，我倒要請教請教『你們是幹什麼的？』」這一下輪到兩個「丘八」愣住了；以前他們大概沒有見識過這種「臭老九」。停半晌後才說「陳誠副總統正在發表演講」。學生丙：「陳誠在講話，干我們屁事！」大夥兒昂首挺胸，進去了。我緊跟在後。

事後，我虛心自我檢討很久。與這些走過八千里路雲和月，渡過黑水溝來臺灣的大陸籍學生比較。小時候受日本軍國主義教育，「光復」後，常聽父兄們告誡：「土匪兵」會向老百姓開槍。我們這些臺灣籍的學生在氣勢上的確差一大截。無可否認，我們看到「穿制服的」就畏懼三分。

難怪李敖（低我兩屆，歷史系）等自認為書香門第出身的大陸籍學生常譏笑臺灣人小鼻子小眼睛。當然我們臺灣籍學生也回敬他們：「阿Q的表弟，姓賴的宗親」（阿Q，我看不必說明。因為大陸人被「共匪」趕下海逃到臺灣來，跟我們認「骨肉同胞」後，嘴裡說：「反攻，反攻，反攻大陸去」，但一直賴在這裡不肯走，所以我們叫他們「姓賴的」。）

四、臺大的自由主義

有一次彭明敏教授的秘書吳慧蘭小姐通知我：「彭明敏文教基金會」計畫辦一場學術研討會。題目是「自由主義在臺灣的傳承」；共分四代，每一代一個主講人。我是彭先生選定的四人之一。我考慮一分鐘後明確地婉拒。

我自知自己不適合學術研究。我毋寧是有那種「望文生義」「自以為是」的文人性格的業餘愛好者。我真心藏拙，卻不被別人所諒解。連一向對晚輩寬厚的彭先生也虧我一句：「洪老師最近好像很忙哦！」

「臺大人」，過去或現在的，都以「臺大的自由主義」為傲。且公認它是第四任校長傅斯年帶來臺大播種、萌芽、壯大的；我想這個想法有待商榷。首先，傅先生不管在大陸時期或來臺後，從來沒有承認過自己是自由主義者。就算別人認為他是吧，他這位「自由主義者」與一般國家民族觀念薄弱的自由主義者有所不同。

傅先生是狂熱的愛國主義者。試舉一例：當年中國政府與日本簽訂「塘沽停戰協定」時，胡適在《獨立評論》上表示那是無可奈何的妥協。傅先生知道時大怒。情同師生（其實年齡相差無幾）的兩人差點絕裾。讀者不妨從「妥協」與「大怒」兩個用詞去玩味這兩位大師大同（同是五四運動健將）中的小異。臺大校訓：「敦品勵學　愛國愛人」。頭四個字是學生的本分，後面把「愛國」置於「愛人」之上；傅校長的道德標準，由此可思過半矣。

在臺大，每一個人是一個「獨立的政府」。沒有人管你，凡事要靠自己，由自己負全責。行政單位不管教授如何上課，如何考試，如何評分。教授不管學生上不上課，上課坐哪一個位置。學生去不去上課，看那個教授有沒有真才實學，不像現在有的大學生一窩蜂地選修「營養學分」。在電視上看那些名嘴在胡說八道，旁邊還有字幕介紹「某某大學教授」；在我聽起來連夜市賣膏藥的都不如的教授。我很納悶，怎麼會有學生去上他們的課？

在臺大，每一位男生都是紳士，每一位女生都是淑女。男女生相遇，淺淺地點個頭，頂多微笑一下。男生見面，握個手，「好久不見！」千萬別打聽人家隱私地「昨天怎麼沒有來？」有的課，有的學生幾個禮拜才來一次。當然，期末考一定會準時到場。我大四時才碰巧發現一位同學在一所私立學校教英語，使我慚愧自己的膽小與無能。

五、感念傅校長替臺灣人爭取公平待遇

（一）聽說「抗戰」勝利後，重慶來到「淪陷區」接收的人，個個趾高氣昂，把當地人當「漢奸」。同樣地，來臺接收的陳儀集團，也把臺灣人當「受日本奴化教育的次等國民」對待。我很佩服傅斯年校長替臺灣人爭取公平待遇的態度。具體的事例有以下三點：

我考臺大時，新生錄取辦法如下：（甲）基本標準：四科總分達兩百分。（乙）補充標準（1）…（2）…（3）臺灣省籍考生四科總分達一九五分。（換言之，臺灣籍考生國文分數加五分後達基本標準者，因為我們初一才開始學國文。）

想當然耳，我能進臺大受惠於此辦法？沒有！我四科的原始分數，加起來二一二分。

（二）政府發給大陸籍學生「匪區來臺學生救濟金」。但臺灣籍學生也有家庭貧窮的呀。傅校長從學校經費中節省一部分設立「臺灣省獎學金」。我一向不諱言我窮，但我並不當然受惠於此。我的故鄉是「落後地區」，每年能考上大學的（一隻手）屈指可數。所以有「澎湖縣政府清寒學生獎學金」，我不能重複申請吧？

（三）傅校長透過私人關係，從「中美文化基金會」為臺大爭取到兩個留學獎學金名額。最難能可貴的是他訂了一個規矩：兩名獎學金名額中，至少一個必須給臺灣人（客觀地說，有點偏袒臺灣人）。

這個計畫的第二年，彭明敏申請到這份獎學金（當時傅校長已經去世）。大陸籍教授群起抗議，幸虧錢思亮校長一句：「這是故 傅校長訂下的規矩」把反對聲浪壓下去。顯然彭先生間接受惠於傅校長對臺灣人的愛護。

在此容我延伸一段有關故事。彭先生在加拿大麥基爾大學的成績優異，但獎學金有中斷之虞。他決定向當時在紐約的胡適求助。胡先生答應幫忙。幾經波折終於找到有人願意匿名提供同金額的資助。後來胡、彭兩人見面時，胡先生除了讚賞彭先生的研究成果外，主動提到他父親在清朝時來臺灣服務過兩年（在臺東？）。好多年後，胡適在中央研究院的一項會議上心臟病猝發，彭明敏趕往時，在現場的錢思亮校長告訴他當年匿名資助他的就是胡適先生本人。臺灣人一向憨直，連智者彭明敏都習慣於不疑有他地接受別人的說辭。彭先生因此錯失了當面向胡先生致謝的機會。前輩學人間的人情義理，我輩自嘆不如，而今日後輩學者間這類溫馨的故事已無處可覓。

六、以認「同」來總結本文

上一節我感謝傅校長對臺灣籍師生的愛護。經我研究，他的做法不僅出諸感情，更有理論根據。讀者可能不知道，傅先生的思想中有「中華民族是一族」這個重要的觀念。換言之，他認為沒有必要以血統來分漢、滿、蒙、回、藏。是故他把「臺灣人」當作自己人並不奇怪。還有，研究歷史的他，知道甲午之戰，被日本打敗的是大陸人，而被拿去賠償的卻是臺灣與臺灣人。是大陸人對不起臺灣人，臺灣人無負於大陸人也。

當然，在二十一世紀，就我這個年過七十的臺灣人來說：「假如」傅斯年能超越國家、民族界線，站在地球村的高度：「四海之內皆兄弟」之下，有接納兄弟進來的度量，也有尊重兄弟獨立在外的雅量，那該多好！但一百多年前（一八九六）出生在相對落後的文明古國，做為被列強侵略民族的一員，對他如此要求嫌太苛刻，除非他是宗教家。

我無緣親炙傅校長的教誨，但他是我心目中「永遠的校長」。讓我在此以古稀之齡來宣洩一下孺慕之情吧！

我所敬仰的人都是「天才型」人物。以傅先生為例；他的中文好，理所當然；英文好，可以理解；數學好，非常人所能及。（記得我高一時，數學考過一次一百分。迄今津津樂道了幾百次；因為那是曇花一現。）

我想「高山仰止　景行行止」——這種文謅謅的話，太渺茫；像我這種庸才，就算把頭抬得再高，也只看到人家的腳趾！非得找出一個「同類意識」才好。

告訴讀者一個祕密。傅斯年不是國民黨員，彭明敏不是，不才洪朝枝也不是。至於，胡適呢？應該不是！記得有一次有人推薦他出來選中華民國第？屆總統。當然是要演一齣民主大戲。後來為何「假戲」沒有「假演」，讀者可以自己猜；要我猜，我一向習慣於「以小人之心……」。

所以我們：胡適、傅斯年、彭明敏，不才洪朝枝敬附驥尾；我們是「同一種類」的人。

與那些退出國民黨時，立誓「此心將永遠是國民黨員」；或從國民黨主席的位子被迫下臺後，仍繳交一萬元「終身黨員黨費」的人，自是「不同種類」的人！

前年去世的陳定南說：「好人，加入國民黨，就做不了好事。」旨哉斯言。

二〇〇九年四月十五日 臺灣文學評論

雖世殊事異　何妨談談

前言

向晚輩們漫談「半世紀前我如何如何」有意義嗎？我猶豫再三。〈蘭亭集序〉上說「雖世殊事異，所以興懷，其致一也。」追想王羲之他們群賢畢至，少長咸集的盛況；對照我現在向一群晚輩娓娓獨白的晚景，能不感慨係之！

談「我與臺大」，話必須從頭說起。

一、逃難來臺的老師口中的「大學」

臺灣「光復」時來臺接收的教師乏善可陳。倒是幾年後從中國大陸敗退，逃難來臺的教師有幾位很特別。

（一）郭姓老師，燕京大學畢業。

跟預期中的國文老師長衫布鞋的模樣大異其趣，他從頭到腳一副現代西式紳士派頭。我對「國文」一向有興趣，但可能他只教我們一個學期就離開了，我已不記得他的國文課有什麼特別使我懷念的事。倒是記得我們英語背誦比賽，評分老師中意外地有他。

我不記得什麼事讓他打開話匣子。他得意地回憶說：當年我讀燕大時，不但每一個學生有一間獨居房，還有一個丫環侍候。只見「學生老爺」下課回來，把幾本洋文書往桌上一放，一屁股坐下來；喊一聲「秋月─秋月啊，倒茶來！」他口中神仙般的大學生活，使我心嚮往之。

（二）史姓老師，暨南大學法律系畢業。所有老師中，只有他會跟我們談課外事。他每次都自謙地說：還剩十分鐘，讓我說幾句「廢話」吧！我們就聚精會神起來。

他勸我們一定要讀大學。他說讀大學的目的不在取得較高社會地位或賺到更多金錢財富。讀大學的目的在培養氣質；換言之，孟子所講「浩然之氣」。他說他每一言一行前都警惕自己「讀聖賢書，所學何事？」

有一次五、六位國大代表蒞校視導。坐在我們教室後排旁聽。我一向「小人」，我想他們不敢去旁聽英文課或數學課吧！史老師提高聲調說：談到「國民大會」。奇怪，今天的進度不是這一章嘛？他繼續說：「這些代表在大陸時迫蔣總統下野；到臺灣後自己修憲，使自己不連選就可以連任到死。國大代禍國殃民何時了。」後座的老傢伙們悄悄地從後門溜走了。從此我對這位教最不受重視的科目「公民」的史老師刮目相看。

（我的說明：當年有流行語：國大代，立法委，新聞記。故意把「表」「員」「者」省略，表示不屑也。英文中有類似的用法。如二戰時，美國大兵叫日本人Jap，而不說完整的Japanese這個字。）

（我的感慨：一甲子後的臺灣，除了已無「表」外，「員」與「者」仍舊是社會的亂源呢！）

二、我與英文的今世緣

（一）小一到小五學過日本語文。

現在同輩朋友認為我的日本語文比他們優；考其原因，我想與我有三個哥哥和四個姊姊有關。記得哥哥姊姊們從圖書館借回來的小說，我常先睹為快。我對文學的興趣在此時期萌芽。

不可思議的是：在此同時期，我顯露出對漢字漢文的特異學習能力。小四的級任老師住在我家附近。他常找我去做登記分數之類的雜事。他喜歡吟唱漢詩，順便教我。半個世紀後的今日我尚能完整地吟唱乃木大將的「山川草木皆荒涼，十里風腥新戰場，征馬不前人不語，金州城外立斜陽」。我甚至會用日語讀漢詩：月落烏啼霜滿天……夜半鐘聲到客船。（我也知道用日語讀時，動詞要讀在句尾。）

從初中到高中，所有科目中，我的國文分數最高。畢業很久後有一次在高三國文老師家中聚會。周老師說：我很好奇，何以父母不識字的朝枝，國文會比書香門第的外省同學強（有一篇作文，周老師給我打九十八分）。一陣討論後，大家一致同意（我例外）：「老洪」的中文是前世讀的。

（二）二次大戰末期，日本瘋狂地反英、美的一切。連「ZERO戰」（鬥機）都改稱「零戰」。所以「光復」後，我進初中前，社會上看不到一個英文字。「英文」是一個嶄新的科目。我不是喜歡英文而是喜歡「開明初級英語讀本」中的希臘神話。我對文學的興趣進一步滋長。從初中到高中，我對英文一直興趣缺缺，直到高二時來了一位新老師。他的雙鬢長而粗，始終瞇著雙眼，口中念念有詞。我無端地聯想起國文課中的「虯髯客」。

「虯老師」不教課本，上課採用課外教材；害慘了我這個「事務股長」，我要在上課前準備好講義。用一支鋼筆在蠟紙上一筆一劃地寫，當時叫做「刻鋼版」。我要先看一遍，然後「刻」上去，最後校對一遍；所以在上課前我與這些英文字已經交手三次！

有一次美軍顧問團的一位少校來馬公中學演講。「虯老師」站在他旁邊口譯。幾乎在洋人停嘴的同時，「虯老師」就用中文譯出來，那種帥氣，激起我「有為者應若是」的意願。

學期結束前「虯老師」突然離校去韓國戰場當翻譯官。本已習慣他給我的壓力的我反而覺得若有所失。為了填補空虛感，我拿出「重要英語單字」（日本考生用書），猛背強記，並且學日本考生，記一頁撕掉一頁。

一般來說「英文」是鄉下學生比較弱的科目。我廢寢忘食，補救我的弱點。我甚至訂閱「大洋英語半月刊」研讀。

（附註The PACIFIC English Fortnightly的內容深淺都有，各位試試irresistible，irresistable，inresistible，inresistable哪一個拼法正確？就知道自己的英文實力了。）

「英文」是我最沒有天分的學科，「教書」是我最沒有意願的職業。但在命運的操弄下；我大學時讀英文，畢業後教英文；英文養我一輩子。假如有輪迴，來世我但願是個「英文天才」。

三、破釜沉舟；臺大，非上不可

（一）以下是我與馬公中學學弟們的對話：

「當時澎湖縣的中學教師和中級公務員都非常缺乏（大陸來的人不喜歡海島生活）。政府因而訂出一個特別法：馬公中學高中部畢業一、二、三名可保送師範學院，四、五、六名可保送行政專科學校。但我們幾個都放棄了。」

「我知道，你們想把機會讓給後面的同學，好偉大喔！」

「錯了！辦法中規定遇缺不補。我們放棄，因為有人不喜歡當老師，有人不喜歡當公務員。所以，是狂妄，不是偉大。」

「結果呢？」「結果，我班上第一名陳君考上臺大醫科，第二名黃君考上經濟，第三名邱君考上農經；第六名不才老洪考上外文。」

「好強哦！」「是很強，我們這一代小時候接受一等國家一等國民教育的人是很強。」

（二）二次大戰前，日本是世界上一等強國毋庸置疑。以前日本小孩讀「小學校」，臺灣小孩讀「公學校」。但從我們這一代起一律讀「國民學校」；換言之，同樣接受一等國民教育。

戰亂中長大的孩子早熟、堅強。跨越兩國文化的人適應力強。日本國小畢業的我們要考「中國初中」。考試方式還保留若干「日本式」。我們考中文譯成日文；考常識時，題目中、日文並列，答題可用中文或日文；算術是國際符號，不成問題。筆試外，要考跑一百公尺，拉單槓、繪畫；最後口試。

接受六年中國中學教育後，我們要跟來自中國大陸各省的菁英競爭自由中國唯一的國立大學的入學資格。

跟別人比較，我考臺大的經過可以算是千辛萬苦。第一次從馬公坐船到高雄，轉乘火車到臺南工學院（成大）報名。第二次從馬公坐船來高雄，再坐十一小時的火車上臺北。比較幸運的是我借宿在臺大法學院第三宿舍，考場走路可到。考試當天口袋中放著准考證，上面插著鋼筆，就進去考了。

（三）考完後，回到馬公；上午看武俠，下午海泳，晚上下棋。我知道那一天放榜，但我家十年前被轟炸後，就沒有再買收音機。那天晚餐前，家父從街上回來。他說「某家兒子××考上○○，某家兒子××考上○○……（他們都是馬公世家）。」家父沒有提到我，那表示我百分之九十九沒上。我腦中一片茫然。下棋時連輸三盤。一夜沒闔眼，我無法思考，因為我沒有「萬一沒考上，我就如何」的心理準備。

次日八時多，三哥從他服務的公賣局帶回一封電報：「賀枝弟考中臺大　金」。好事多磨。但反正、到底、總算、考上了呀！我有一股衝動想跪下來，但我不知道該感謝哪一位神。

原來最先播報中文系錄取名單，接下來就是外文系；所以大家開始注意聽時，我的名字已經報過了。

四、考進臺大難；臺大畢業，不難

（一）「考臺大難」是依我個人的學力而言。現在我把終身難忘的部分英文試題寫出來，由各位來評量一下。有一個「中譯英」大題，分（1）（2）（3）（4）（5）小題。（1）床前明月光，疑是地上霜，舉頭望明月，低頭思故鄉。（2）臺灣大學文、理、農、工學院在羅斯福路三段。（3）（4）（5）……。

走出考場時有一位考生大叫：「這首中文詩我看不懂是什麼意思。」我小聲說：「我把羅、斯、福三個中文字寫上去了，不知要扣幾分？」

進去外文系不久，有機會與曾參加閱卷的助教談起，我最關心「有沒有人會寫ROOSEVELT這個字呢？」聽說不但有，還好幾個啦。想想今後四年，我將與這些「高手」同系競爭，我憂喜參半。

（二）其實除了分數達到錄取標準外，想要進入臺大另有一道關卡。你想當局會隨便讓一個青年闖進所謂「匪諜的巢穴」嗎？

註冊時要繳交「保證書」，手續才算完備；才能進入臺大就讀。一般的「保證書」，不外保證該生如損毀財物，負責賠償之類。但臺大要的保證書是「保證該生過去不曾，現在沒有，將來不會加入匪黨組織。」天啊，或許可能追查一個人的過去，或許可以確認一個人的現在，但誰能預料一個二十歲青年將來會如何？保證人要「連坐」呢！所幸，我三姊夫金養文先生人脈廣，很快替我弄妥了一份。我終身感激這位不認識我卻肯保我的恩人。

（三）「臺大畢業，不難」是我個人對臺大外文系的體驗。通常能考上臺大的人都具備有某種程度，也有唸書的習慣。只要按時上課，認真考試；普通科目要及格不難。而外文系教專門科目的教授全是「名士派」，他們不斤斤計較分數，從來沒有拿分數來掌控學生的念頭。

顏元叔（我同班同學，後來當過外文系系主任）在〈鳥呼風〉中寫：「只有蘇維熊的英詩與黎烈文的法文，把我們考慘了。」我倒沒有這種感覺。不然我怎麼會選修黎烈文的「法文一」「法文二」與「法國文學」呢？「英詩選讀」是必修，但大四選畢業論文的指導教授時，是我自願選蘇維熊。（聽說幾年後，學士的論文就取消了，可惜！）

我遭遇到困難的科目是「英國文學史」。這位陳（？）教授，從鐘聲響起到下次鐘聲響五十分鐘內一口「倫敦腔」英語沒停過，連人名地名他都不肯寫黑板（顯然他忘了臺下的我們不是英國人），迫得我把聽到的聲音，用小學時代學的日語片假名記下來，下課後到圖書館查對（中學時沒有學過音標）。這一科有的同學重修第二次仍然不及格。

大三時，家父到臺北找我，我高興地說：「多桑來得正是時候，這幾天期末考，我有時間陪你到處看看」。家父聞言，一臉狐疑，但他天生木訥，沒說什麼。平常我們的課很分散，往往一節課就佔了一上午。期末考時由教務處統一安排教室，時間都在一、二節，所以十時後，我就帶著家父龍山寺、仙公廟……到處觀光去了。

我們的考試在考學生的理解力、分析力、綜合力、創造力；不是考記憶力（有時open-book的考試），所以臨時抱佛腳是不需要也沒有用的。臺大外文系，考高分不容易，考及格不難，所以畢業不難。

五、告訴你想不到的三件事

（一）臺大，有多大？

臺大校地總面積三百五十三萬六千零七點一公畝。相信從這個數字，大部分的人與我都得不到一個具體的概念。換個說法。臺大在臺北市內羅斯福路有校總區，徐州路有法學院，仁愛路有醫學院，常德路有附屬醫院。在南投縣有農學院的實驗林場與山地農場。在臺南市有「藥品化驗室」。在陽明山有「血清疫苗研究製造所」，夠大了吧！

就我熟悉的校總區而言，一眼望到薄霧籠罩的山麓；有山有水，有小橋有流水。清晨處處雞啼聲，深夜零星狗吠聲。臺大，鬧市中的桃花源。

（二）你知道嗎？校史上，有兩個時期，在臺大的臺灣人是少數族群！

臺北帝國大學時代，日本人與臺灣人的比例是四比一。國民政府撤退來臺時，大陸來臺人士的子女大都進臺大，還有教育部分發來的寄讀生，由海外來臺就讀的僑生；總加起來比臺灣本地的學生多很多。我在臺大時，臺籍學生佔全校學生百分之四十六。

若要細談；當然了，醫學院、農學院應是臺灣人的天下。文學院中臺灣人佔少數；最熱門的外文系，我那一屆約九十人中，臺籍學生三十八人（澎湖縣只有我一人）。

純為博君一笑，談談你絕想不到的妙事：我那一屆，考古人類學系只錄取一個學生。謠傳全系十來個教授都怕他。因為哪一天他「少爺我鬧情緒，我請假一個禮拜」。全體教授（含世界級大師李濟）都將被迫在宿舍休「有薪假」，怪不自在呢！

（三）志不在文學的外國文學系學生。

大一「國文」課，聽黃得時教授費力地用「臺灣國語」在講解中國古文時，我無端地悲從中來。有一次他出了一道作文題「我為什麼考進外國文學系？」事後他對我說：「你是少數真正志在學文學的學生之一，你喜歡法國文學？」半個世紀後的今日回憶黃師濃眉大眼的面貌，我仍然不解，他這話是誇獎我或是憐憫我？「悵望千秋一洒淚，蕭條異代不同時」。

錢思亮校長曾經批評說：臺籍學生很多是「奉父母之命」考進醫學院，而臺籍學生最喜歡讀外文系是趕時髦。錢校長只說對了一半。外文學系學生志在畢業後出國留學！改學圖書館系、新聞系的最多；改學化學、數學、氣象也有；最大膽的是改學電機（從大一讀起）。現在，我猜學資訊、電腦的一定很多。最守本分的人學「比較文學」。

今年初，報紙上有一段新聞：臺大外文系美女陳嵐舒，巴黎Ferrandi高等廚藝學校以第一名畢業。老天，五十年後竟然趨勢沒有變！說到「美女」，「找美女到外文系」是想當然耳，我們那一屆美女在中文系。

唉，連「文氣沖天」的我們英千里主任也不得不向時勢低頭。我考進「外國文學系」，卻從「外國語文學系」畢業。

六、我想到三個天真的臺灣人

（一）二〇〇四年四月我到臺南市長榮中學參觀「林茂生文物展」。看後，大家在等吃午餐時隨意閒聊時我冒出「老天真」三個字。四周的人全怒目向我。其中一人說：「這裡不歡迎外人（他們都是長老教會的人）！」我說：「我不是外人，他當過我們文學院的院長，雖然我沒有機會見到他。」彼此消除了敵意，談話繼續下去。

二二八事件發生後，林院長的兒子林宗義的臺大醫院同事大瀨貴光曾兩次勸林院長躲一躲。林院長說：「我沒有做任何非法或敗德的事，為何要躲呢？」三月十一日兩個穿中山裝的人藉口來傳錢校長的口信進入林家，然後一句「陳長官有請」帶走林茂生；他從此就無影無蹤。

談到最後，其實大家都同意我的感慨：為何第一位臺灣人哲學博士（哥倫比亞大學）會天真到相信「祖國回來了，臺灣人出頭天了」，會天真到不知道中華文化中有所謂「匹夫無罪，懷璧其罪」。

（二）我在文學院讀書時，知道有一位歸國返校不久的年輕副教授彭明敏。因為文、法兩院不同校區，無緣識荊。他受學生愛戴的程度從我那一屆（一九五六）的資料可得到佐證。法律系九十三位畢業生中選彭先生指導論文的有十五位（含高育仁，曾任省議會議長），政治系五十一位畢業生中選彭先生指導論文的有六位（含錢復，錢校長二公子，曾任外交部長）。

一九六四年九月二十日，彭先生因一封來不及發表的「臺灣人民自救運動宣言」被捕。對於政治系系主任的失蹤錢思亮校長若無其事，裝聾作啞。（換成是傅斯年校長不到警總拍桌子要人才怪）。法學院教授同仁沒有聯名力保言論無罪。學生沒有罷課聲援老師。只有謝聰敏的弟弟與兩位大陸籍同學貼海報抗議，隨後被捕。臺大能算是一流大學嗎？

聽說彭明敏叛亂，蔣介石大怒。蔣介石對被他賞識而後來「背叛」他的人有一套處理模式：判刑，特赦，軟禁。好像張學良，孫立人，彭明敏都循這個模式。就中，臺灣人彭明敏略勝一籌；他逃了！（最近彭先生的近著《逃亡》一書已問世）。對很多人批評：「憑他們三個書生一篇宣言，就想造反，太天真了吧！」當年的彭先生相當不服氣。他說：「我後來變裝成功逃到國外就不天真了？」（別忘了彭先生缺一隻手！）

讓時間跳到一九九六年，彭明敏參與第一屆民選總統選舉。他要我這個私淑弟子寫「自由的滋味節錄本」，我受寵若驚之餘，變成民間散兵游勇助選團的大將。彭先生在臺大教過這麼多「狀元學生」，他們當時都已成為臺灣社會的中堅份子；但敢站出來挺老師的卻那麼少。我忍不住大聲疾呼「彭明敏的學生在哪裡？」，但反應冷淡。

讓時間再跳到二〇〇九年四月五日，在高雄中信的座談會上，聽到彭先生說：「我曾出訪三十多個國家，向世人強調臺灣已走上民主的不歸路，如今看來還真是天真」。四十多年前豪氣萬丈的他，如今已八十六高齡自承「太天真」，聞之使人心疼。在臺灣，看樣子，「英雄」並不能創造時代，悲夫！

最近基層知識界有一種憤嫉不平的聲音：今日臺灣社會的亂源

在臺灣大學；更精準地說，臺大政治系及法律系出身的臺大人正在臺灣社會中作威作福，使人側目。

我自己已經力不從心，因而建議晚輩中有人出來寫臺大政治系或法律系系史，那將精彩可期。因為：

（1）政治系兩位系主任都是參選總統的落選者。這兩位有師生關係的臺大人；一人曾因叛亂而遭通緝，另一人因說他是a pure Chinese而名噪一時。

（2）法律系出了兩位總統；他們的是非、功過，或許各位要等日後來評價；但就我而言，他們雖「棺」未蓋，但「論」已定矣！

走筆至此，我突發奇想：今後是否該規定政治系、法律系的學生必須到我們外文系修一個學分的「希臘神話」？

正義的女神右手拿劍，左手持天秤，這個意涵大家不難理解，但很少人注意到「她」是with bandaged eyes（蒙眼的）。當正義的女神（執法者）偷窺外面的花花世界，甚至以顏色來論是非、判對錯時；這個社會這個國家將無公平正義可言。

（三）陳文成，臺大數學系校友，美國卡內基大學統計學教授。當時被學界認為是最有可能獲得費爾茲獎的人。

（附帶說明：諾貝爾獎有化學，物理，……和平等獎項；獨無數學獎。Fields Medal是全世界最高榮譽的數學獎。此獎的特色在只頒給未滿四十歲的數學家。）

一九八一年暑假陳文成攜妻兒返臺省親。被警總約談，次日晨，被人發現遺棄屍在臺大研究圖書館後方草地上。學數學的陳君對人性的險惡毫無所知，沒有警覺到他在美國的愛臺言行（如捐款給美麗島雜誌社）早被人密報到警總在案。我猜想陳君自認愛鄉無罪，所以不認罪，不求饒，不道歉；結果被刑求致死。老輩校友我等只能扼腕興嘆：獲得美國籍前敢回臺灣，太天真了。但願在天國的他還能開懷高唱「港都夜雨」。

二十八年過去了，陳案未破，被棄屍的地方沒有一塊小石碑來紀念這個沉冤的傑出校友。最令人傷心的是種種旁證顯示把陳君在美的「黑資料」提供給情治單位的「校園間諜」也是臺大校友；臺大能算是一流大學嗎？

前年有一位「陳公子」押著快臨盆的妻子返臺，為了要生一個「臺灣之子」；渾然不知中華文化中有「罪及妻孥」的陋習。天真的臺灣人前仆後繼，何時了？

七、從沈剛伯到錢思亮

（一）沈剛伯是歷史系教希臘史及羅馬史的名教授。到文學院後，我就聽到「臺大一景——沈剛伯的頭髮」這句話；偶而遇上他時，除點個頭外，不免偷看他的頭髮以探究竟。

沈老擔任文學院院長時有一個習慣。開學不久，他會三不五時找幾個新生聊聊。他一定會問到一個問題是：哪一本書你最感興趣？最使你感動？對你最有影響力？

忘了是我下屆或下下屆，據說有一位新生被問到此一問題時，不加思索地回答：「三民主義」。

沈老聞言馬上變臉。

「我不信！一個二十歲不到的青年會對三民主義有興趣。你感動什麼？你知道三民主義是什麼東西嗎？它根本上不成其為主義嘛！」（註：英文中，代表某某主義的字，通常帶有－ism字尾，而三民主義只被譯為principles）（註：當時沒有「三民主義」這個科目）。

「同學，我看你是走錯路了，你應該到北投復興岡。」

這一頓搶白後，故事的後續發展我不得而知。我知道各位也沒興趣追問，你們心中正著急著：「那，你呢？」

我清楚地記得，當年我回答：《基督山恩仇記》。

傅斯年病故後，臺大行政會議推請沈剛伯代行校長職務，並經教育部核准。但四個月後，當局派錢思亮擔任校長。我常想：假如由沈剛伯真除！我不是對錢校長有什麼不滿，只是他三不五時發表「號召匪諜自首」或「為　蔣總統壽」這類文章，我總覺得有這個必要嗎？離開臺大後，唯一關於沈老的消息是他的「師生戀」；看來沈老不老！

（二）錢思亮校長以他學自然科學（有機化學）的實事求是精神，誠懇無私的對人態度，主持臺大有具體的貢獻。綜合起來：（1）爭取經費、（2）增加硬體設施、（3）聘用教、職員斷絕人情關說、（4）錄取新生公平公正。如此一來，急速膨脹的「臺大」才免於「貶值」太快。

錢校長對教育制度的看法，就我所瞭解，大致可歸納為四點：

（1）高中應該是一個獨立的教育單元（不該是大學的預科）、

（2）大學入學考的目的在挑選適合於進一步學習研究各種專門學科的人才（如要測驗高中教育的成果，應該舉辦「高中會考」）、

（3）大學入學考科目應該簡化；甚至，國、英、數三科即可（我

考臺大時國、英、數外，甲組考理化，乙組考中外史地，丙組考生物。）、（4）參加入學考時最好不填志願科系，等錄取後由考生參酌個人能力與志趣選科系；甚至等修完大一普通科目後，大二開始分科系。

我個人對錢校長的觀點完全贊同。但當我教高中的升學班時才發現理想與現實間的差距太大。我甚至發現每次教育改革失敗的癥結所在。有一次在「民間國是會議」教育小組討論會時，我說：「今日臺灣的教育問題，不是教育問題，而是社會問題。」我的話獲得全場掌聲認同，但問題仍然無解。

（三）我們的畢業典禮在歷史上有名的臺北市中山堂舉行。照理畢業典禮的主角是學生，配角是教師。但一切該有的都草草了事後，「長官（教育部長）訓示」才是壓軸。

他的講題叫「從孔子談到原子時代的臺大」，老天，有人說過「題目愈大，愈表示演講者學問小」，所以這位教育部長的演講，不必聽就可思過半矣。

等他講完三大點時，我們熱烈鼓掌，意思是「可以了，見好就收啦」。孰料他誤認為得到熱烈回應，他說：「我還有兩點」。等他的兩點講完，我們再度鼓掌，以為功德圓滿了。誰知他說：「我還要補充一點」。忍無可忍，很多人用節目單摺成紙飛機往講臺飛過去。錢校長急得不知如何是好，在臺上來回踱方步。

好不容易禮成了，散會了，畢業了；沒有離情依依，沒有十八里相送，悄悄地我們走了。

後語

離開臺大前得到的最後一個消息——昨天教授會否決了某位卸任教育部長到臺大任教的申請。時值臺海戰雲密佈之際，我走出校園，進入軍中。

離開臺大後，得到的第一個有關臺大的消息是壞消息——外文系同班同學吳君在金門海灘殉職。

二〇〇九年六月一日完稿

二〇一〇年一月十五日 臺灣文學評論

愛，讓我們飛出去吧

虹霓

——獻給我的小龍——

愛，讓我們飛出去吧
衝破這苦惱的世網
讓我們是一對漏網的比翼鳥
飛上那永不再被羅縛的遼闊的天

愛，讓我們飛出去吧
帶著我們純潔的感情包裹
把一切名利與虛榮拋開
把一切驕傲與偏見遺忘

愛，讓我們飛出去吧
飛到那滿地花開的Elysium原野[1]
在那兒我將編織花冠給你戴上
在那兒我要剖開胸膛向你傾談

愛，我們要趁早飛出去呀
現在是黑夜，不久將是黎明
讓我們一起向上帝祈禱：
「主啊，給我們翅膀！」

1「Elysium原野」是希臘神話中西方的樂土

刊登在臺大「青潮」新詩季刊
〈臺大詩歌研究社〉

未靠岸的船

虹霓

不要傷別離，
海鷗的淒叫啊，
我不過是隻未靠岸的船；
偶然地浮現在你港口的邊緣，
又匆匆地揚起告別的帆。

啊，我不是非洲來的珠寶船，
也不是西貢開的運米輪；
我有的只是遍體鱗傷，
默述著無數海上英勇的搏鬪，
渴望著一灣避風的港口。

啊，異鄉的海港，
你的繁華使我形穢；
你層層的關防使我膽怯；
你不是我的港，
我也不是你的船！

不要挽留我，
波浪的擁抱啊，
我不過是隻破舊的帆船，
當我消失在海天的罅縫間，
你會很快地遺忘這隻流浪的船。

「野風」第八十一期

年輕時的古戀歌／Vieille chanson du jeune temps

臺大・虹寬譯／法・雨果[2]作

那時候，我並不想念「玫瑰」
「玫瑰」和我在林間逍遙
我們曾經談論過好些零碎
但我已不復記得絲毫

我冷淡猶如大理石
我茫然邁步真像心不在焉了
我贅言好花與綠樹
她睇著我，好似說：「還有呢？」

露水呈獻出它的珍珠皎皎
小樹叢給我們天然的陽傘
我走著，聽喜鵲却却地譏誚
玫瑰卻傾耳黃鶯的啼囀

我，年方十六，一幅憂鬱相
她，青春雙十，兩眼炯炯照

黃鶯在為玫瑰歌唱
喜鵲卻向我噓噓叫

玫瑰挺直她嬌美的上身
舉起她微抖的纖手
試著去擷取一粒枝頭的桑葚
我卻全然漠視她雪白的纖手

在天鵝絨似的苔蘚原
奔流著一泓透明的潔水
還有那多情的大自然
在靜極的大叢林中臥睡

「玫瑰」脫去她的繡鞋
那麼天真地將她巧小的腳
浸進那純潔的流水
我卻視若無睹她赤裸的腳

我不知該對她說啥事情
只在樹間盲目地跟
時而見她微笑輕輕
時而聞她嘆息深深

直到從那靜極的大叢林走出
我方才驚見她原來美如天仙
「算了」，她說：「別再想散步」
這之後，我卻渴想著它天天

[2] 雨果（Victor Hugo）一八〇二—一八八五年，法國詩人、小說家及劇作家。

「野風」第八十二期

懷念　黎烈文教授

閒來無事，逛逛書展也是一樂。當我從那五花八門的書冊中，毅然抽出「法國文學巡禮」付款時，同行友人似乎有點詫異不解。我靦然解釋說：「作者黎烈文是我的老師。」我對自己此時的心理狀態不甚了然，也許我是想對欲報無門的師恩做象徵性的回報，而又怕被人窺察出這樁心事吧。

對於法國文學的絢爛豐盈，我心儀已久。所以大二開始選修第二外國語時，便選了法文。在數組法文中，冰島漁夫的譯者「黎烈文」是赫赫有名的。我填上了他的大名，更進一步選他當導師。

就一位法語老師來說，黎教授的教學態度是不成功的；因為他只顧到自己認真上課，而並不採取手段督促學生相對地認真學習。可歎的是我自己為人師後，也失敗在這一態度上。也許我和黎老師都是不情願在壓力下做事或求學的人，「己所不欲，勿施於人」，何況，莘莘學子應該自動自發地表現出學習的熱忱才對。就老師這方面說，我想這個想法照理是無可厚非的。可是學生方面，卻不知如何是好。就拿當時的我來說吧，我醉心於法國文學，選黎教授的課是慕名而來。但事實上，我對初級法文課Qu'est ce que c'est?式的牙牙學語，興趣泛泛。對於法語名詞必須區分為陽性或陰性，再分別加上陽性或陰性冠詞，認為是豈有此理。（現在依稀記得「書」是「男的」，叫Le livre；「筆」是「女的」，叫La plume）。對於法文時態的「半過去」，「單純過去」，「複合過去」，「大過去」，我頗感不勝其煩。在老師不逼，臺北多陰雨，而法文又是我惟一的下午課的情況下，我不時故意地把它給「忘了」。「大才小用！」這是我當時替黎教授鳴不平，也是自嘲自慰的話。慚愧，我得到的六十分中，一定包含了黎教授的「鼓勵分」在內。從這並不光彩的回憶中，我倒是想到一個很嚴肅的教育問題。那就是：一位教師，對於學生的分數是否應該斤斤計較？當時黎教授假如給我不及格；那麼，不要說重修，我乾脆不修了，哪會大三時的法文仍選黎教授為導師呢？又哪會在大四時選「法國文學」呢？

擔任導師，黎老師一向是不管不訓，無為而治。實際上，二十多年前的大學生，在言行上大都能自我約束檢點。當時，我們倒是期望在思想上和做學問方面，聆聽指引。可惜黎老師的冷漠寡言，常使我們望而卻步。現在，為人師表多年的我，彷彿能體會出，在師道式微的今日，何以一位熱情的教師，必須以一層冰霜來保護自己的苦衷。黎老師給操行分數，照給八十分以上。有一次我和幾位受惠的窮學生，打算表達一番謝意時，他倒像自己做錯事被發覺了似的「申辯」說：「好申請獎學金嘛！」使我們接下去不知如何措辭，只好唯唯諾諾而退。當時我們所感受到的一股溫煦，豈是時下受教於把「愛的教育」掛在嘴巴上的教師的學生所有福體會的？

黎老師是我大學四年中受教時間最長（三年）的一位教授。但是我對他的瞭解仍然很粗淺，只知道當時黎老師已五十出頭，有多種譯作行世，在翻譯界享有盛名。可是很少看到他參加什麼會，發表什麼談話，或奔波於松山機場送往迎來。他好像並不熱中於成為社會名流。他除了教書外，就是研究法國文學。有所得就撰成論文，覺得有意思就譯出來，分享讀者。他給我印象最深的是：半禿的頭，一襲淺色西裝（可能是有點褪色），矮胖的身體邁著大步去趕公共汽車時的背影。每次看到這個背影，我心中無端地湧起一陣酸楚。「像他這種身分，有輛三輪車代步也是應該的」，我自忖著。（當時臺北尚有三輪車）黎老師算是德高望重的教育家，但他那種不肯隨俗沉浮的個性，盡其在我的工作態度，助人不欲人知的愛心，使後之從事教育工作者興起見賢思齊的勇氣。

有一次我把法文課教過的Vieille chanson de jeune temps譯成中文，倖獲編輯先生的青睞，刊登在「野風」上，「雨果原作，虹霓試譯」，我對於自己的名字能與大文豪並列刊出現在讀者面前，沾沾自喜。下課鈴一響，我一個箭步，擋住急忙要離開教室的黎老師。他對這個突如其來的舉動不禁一愣。我說：「我把您在法文課教我們的這首詩譯成中文了，請黎教授指正。」他不看我手中的野風反而抬頭端詳我，好像要看清你是何許人也似的。我開始後悔我的孟浪。好在這時對此突來的「人與事」，黎老師已反應過來。他就站在走廊上，把我的譯詩從頭讀到尾，「我只會解釋，你卻把它翻譯出來了，不壞，不壞！」他走了。換上別人，會認為他那種似笑非笑的表情是帶有譏諷味的，但知師莫如學生，我知道這是他慣常的表情。我只是埋怨他的吝嗇，何不改說「很好，很好」呢？我們可以由此瞭解黎教授的不輕易讚許人，以及他對翻譯要求的嚴格。說實話，我的法文太差，中文功力也不足。可是在翻譯這首「年輕時的古戀歌」時，我幾乎每一個字都重查字典，譯詩中力求其長短之整齊，原詩有韻腳的地方，譯詩也押上韻。我這種嘔心瀝血，一絲不苟的翻譯態度，自信無愧於黎教授的弟子。

黎教授對翻譯的看法是：比創作還難。他奉以自勉的標準是：第一要忠實，第二要明白，第三要美雅。他自謙地說第一第二勉強可做到，第三點可望不可及。黎教授翻譯時喜歡直譯。我想這與他的做人態度有關。據我分析：他直譯：一是對原作者的忠實。他不牽強附會地歪曲原作，也不加油添醋地使「原味」盡失。二是對讀者的尊重。原作者一個含意豐富的字，甚至一語雙關的字，假如被譯者「譯死了」——固定了意思，那麼如何能激發讀者的想像力？使讀者有「再創造」的樂趣呢？當然，因為兩種語言的差異，直譯也有顧慮。其一，恐直譯後，原意不明。其二，直譯的中文易於歐化。黎教授的中法文素養俱臻圓熟之境，可免此顧慮。他二十多歲留法時，兼任申報記者，可見其中文根基已奠定，足可抗拒歐化。黎教授常津津樂道，他留法時是從小學讀起，而中學，而大學，最後巴黎大學研究院的文學碩士。這又可見其法文之踏實。黎教授對於一些對法國的人文地誌毫無概念，而逐字把法文換成中文的人深惡痛絕。有一次他面帶不屑之色告訴我們，有一個「學人」（他在激動時仍不失其厚道，不願指名道姓），竟然把Notre Dame de Paris譯成「巴黎我們的母親！」（本是指巴黎聖母院）

黎教授的譯作，除了傳誦最廣的「冰島漁夫」（羅逖著）外，有斯湯達爾的「紅與黑」，巴爾札克的「鄉下醫生」，莫泊桑的「脂肪球」與「兩兄弟」，梭維斯特的「屋頂間的哲學家」（據我推測，黎老師偏愛此書）等十四種，及「法國短篇小說選」（包括左拉，卡繆等三十多位名作家作品）。可惜有的已絕版。

黎教授是湖南湘潭人，民前八年生，民國六十一年逝世。黎師母許粵華女士，整理上述書中保有版權的十種，連同黎教授的遺著「法國文學巡禮」，交由志文出版社印成「烈文叢書」問世。

現在受過中等以上教育的人，大都能讀英美文原作，但通法文者百不得一，是故有賴於法文翻譯者更甚。讀者可能會發現時下部分所讀法文翻譯，其實是從英文，甚至是從日文轉譯過來的，而原譯者可能對法文一竅不通。時至今天，無論從質或從量來評估，黎教授在法文翻譯界尚無出其右者。他的文筆優美簡潔，譯述範圍極廣，幾乎包括十八、十九及二十世紀初的法國浪漫主義、寫實主義、象徵主義的各名家作品。我們可以從他的譯作中，一窺法國文學廟堂之神奇奧妙。黎教授不是個才華橫溢的文學家，但其為學的實事求是，譯述的嚴謹不苟，給後學者樹立了一個可貴的典範。

「丹桂飄香又中秋」，欣逢一年一度的教師節，緬懷師恩，僅以此文，表達深切的懷念。

一九七七年十月四日 臺灣新聞報

追思　方東美教授

七月十三日晚間七時半的新聞報導中，臺視記者播出一代哲人方東美教授去世的消息。月前獲悉方教授纏綿病榻後，強忍住的一股悵惘，這時候變成奔騰的哀思，一波一波直扣腦門。通常我們對於一位感情上的親人之逝世，大都放聲一哭。那麼，對於一位理性上的親人之離世，又該當如何？我徬徨無主，我坐立難安。臺灣是個小島，然而南北兩端仍然隔開了多少的人情與關懷。我想：我先是不克到病房探望方教授，現在也無法親至他的靈堂前上支香，鞠躬致哀；難道就這樣緘默不語，無動於衷？

本文的題目，我極想寫成：「追思吾師方東美教授」。但我畢竟不是哲學系的學生，更何況方教授終其一生，恐怕未曾注意到有我這個熱情的聽眾，歷久不衰的崇拜者。

第一次看到「方東美」三個字是在羅家倫先生的『新人生觀』中。羅先生的話是：方東美先生說：「中國先哲遭遇民族的大難，總是要發揮偉大深厚的思想，培養溥博沉雄的情緒，促我們振作精神，努力提高品德。他們抵死推敲生命意義，確定生命價值，使我們腳跟站得住。」當年是個好思考的高中生的我，直覺地推想著——能被羅家倫引話的方東美該是夠偉大的吧！

次年，在大一的哲學概論課上，我才得機會親眼目睹方先生的廬山真面目。他是小個子，但並非那種矮胖型。要不是梯形教室，我真怕找不到講臺後的他呢！當時我的直覺感想是：「他的頭，倒是滿大的嘛！」他的頭髮從中間分開，梳得一絲不亂；不苟言笑的面龐，緊閉的上下唇，凜然嚴師相。其實像他這種內在豐碩的人，那能用「特寫鏡頭」來描寫？我可以說：他是那種你站在他面前，會覺得自己大而不當，恨不得矮一截才自在的人。他是那種當你聆聽他侃侃而談宇宙論、人生哲學時，會覺得彷彿是受教於一位預言未來世界的先知似的人。後來，當系裡的同學告訴我，同班的方同學就是方教授的女公子時；對於他，在崇敬外，又多了一份親切感。同學們常常帶著神祕的口吻談論著關於他的種種。據說，他當時已是著作等身。但我們在書局裡，在報刊雜誌上幾乎看不到他的作品。那是因為他不願意發表。只要他活著一天，他總會發現自己的著作中，有些該更改補充的地方。所以他不斷地寫、不斷地改；所以他的「舊作」都是尚未見世的「新作」。有人說我們要拜讀他的大作，恐怕要等他百年後了。

我不是個好學生，卻是個相當挑剔的學生。在眾多名教授中，能使我全勤的並不多。只是方教授的課，我是風雨無阻，每堂必到。並且是每分鐘每秒鐘都如魚得水，樂在其中。所以他的講授，我沒有遺漏一字半句，在西潮的衝擊下（我是學西洋文學的），我能以形成中國書生本色的思想體系，得力於此。師恩浩大，啟蒙之恩終身難忘也。奇怪的是，在他那些穎智的講授中，我能隨時隨地銘記在心，時時惠我助我的，卻是他講的一個「笑話」——難得的「不歸正傳」的「笑話」。

「有一次，我看到許多人在戲水。我自忖：凡是動物都是生而會游泳的。人，是動物之一。結論是：所有的人都會游泳。所以我就莽莽撞撞地躍入這潭水中（這以前，我從未下過水）。先還載浮載沉，但一旦發覺腳踩不著底，手抓不著一根草時，我心慌意亂。一陣亂踢亂划，使我愈沉越深。我喝了不少水，我呼救、我掙扎。就在生死一髮的鬼門關，我腦中靈光一閃。我想到：虧我還是個哲學家呢！竟然如此臨危而亂，一付醜態。就是死嘛，也得死得泰然，死得有風度呀。這麼一想，我就不掙扎了。攤平四肢，一付視死如歸的模樣。沒想到這樣一來，我卻浮上來了」笑聲與鈴聲結束了這堂輕鬆的課。

十年後在中學任教的我，碰到了一個問題少女——也可以說是天才少女。她，寫詩、作畫、下圍棋，樣樣精通；奈何考試紅字多。她，老子，莊子，存在主義都能朗朗上口。為師的我，把大學裏的哲學，邏輯，心理學，百般武藝都拿來應戰，才有力量將這位早熟的「天才兒童」從「變壞」的邊緣拉回來。我用我的愛心安撫了她寂寞的十七歲，使她順利地走上升學之路。事隔兩年，一封臺北來的限時掛號，「老師，人家說我美麗、聰明、富有；一個女孩子除了這些還能再要求什麼呢？但，我要方向……我現在身陷漩渦中，聲嘶力竭地在呼救，老師，老師，老師……這一次是『迷失的二十歲』啦！」我看完信時，回信的腹稿已成竹在胸，我把方教授的「笑話」轉告了她！三天後回信來了，「老師，你轉告我的『笑話』是我的保命仙丹……不要掙扎，一語驚醒夢中人，老師，我好像慢慢地浮上來了……你能把我的謝意轉達給方教授嗎？」我私吞了這份謝意，現在成了永恆的遺憾。也許我對方教授一直抱著高山仰止，自慚形穢的心理吧，我始終提不起勇氣私自向他請求教益。橫豎我只不過是個外系生罷了！

據說在六十二年退休的燭光惜別晚會上，方教授感嘆：「我的孩子沒有繼承我的學術生命，我只有心智上的後裔。」假如他知道徘徊在他的門牆外，有眾多像我一樣的崇拜者，不斷地在傳他的「道」；假如他知道，甚至連他的一個「笑話」，也不會失傳時，是否他在天之靈會略感安慰呢？

繼往聖開來學，學貫中西的方教授去了。人中精英如彼，尚且逃不出生老病死的宿命，庸人如吾輩者，夫復何嘆？我（相信其他直接間接地受過方教授的教誨的人都一樣）現在唯一的期望是：方教授的親友或門生，能早日將他的遺著公諸於世。讓無緣成為他的入門弟子的我們，也能享受他智慧的結晶，也能繼承他給中國的知識青年留下的一份豐富的文化遺產！

一九七七年八月二日 臺灣時報

臺大一九五二

——自由中國最後一盞燈

自由女神手持一把火炬，普照大地；然而一九五二年前後的臺灣是自由之光照射不到的黑暗天地。從馬公到高雄，船駛入高雄港的一剎那，迎面闖進眼簾的是斗大兩個英文字Free China。一個「既不自由，又非中國」的地方，卻自稱「自由中國」！我就在這樣荒謬錯亂的時代長大。

當時的澎湖是反攻大陸的跳板，全島壟罩在一股肅殺的氣氛中。物質生活貧乏，精神生活閉塞；島上只有一份油印的建國日報。環境如此，一個心懷大志的澎湖少年要如何選定他的方向，描繪他的夢想呢？

一、追尋燈光　目標臺大

就讀馬公高中時，兩件事情影響了我的一生：

（一）有一次一位大人物的蒞校演講；除了「反共抗俄，保密防諜」老調外，他的警語是：「我敢保證現在全臺灣的匪諜都檢肅殆盡——除了臺灣大學。臺大是匪諜的溫床！」一語驚醒夢中人，原來黑暗的自由中國還剩有最後一盞燈。從此我有了嚮往：目標臺大，追尋那僅存的燈光。

（二）有幾位身穿藍長衫的山東女學生在班上寄讀，但不久行蹤成謎。謠傳：「被憲兵抓走了」、「被活埋了」、「被丟入海」[3]。對同坐一個教室的人隔夜就會生死不明，少年的我豈能無動於衷？白色恐怖令人刻骨銘心，自我矛盾的決定於焉形成：將來上大學時，我將一不交友，二不加入任何社團。

3 一九四九年山東煙臺聯合中學師生八千餘人，隨國軍三十九師自大陸撤退到澎湖。軍方強迫學生輟學從軍，師生不從，遂引發所謂的「澎湖匪諜案」。總計一百零六名師生遇害，數百人入獄。當時的澎湖防衛司令官就是老輩澎湖人耳熟能詳的「跛腳司令」李振清。

二、人在臺大　直如過客

臺大新生註冊時要交「保證書」：保證該生過去未曾、將來不會參加叛亂團體。當保證人是要負連坐責任的。

臺大學生在臺大校園內有絕對的自由。導師可以自己選擇，導師與學生頂多在期末有一次茶話會；這是師生第一次見面，也是最後一次面談。在臺大，每一個人都是一個「政府」；沒人管你，也沒人幫你。遺失東西，貼尋物海報；撿到東西，貼招領海報。

四年期間，除了辦在學證明及成績單（申請澎湖縣政府獎學金之用），我沒有跟行政單位打過交道。常到辦公大樓門廊取信，偶而看到觸目驚心的佈告：「×院×系×年級學生×××，因案被判死刑（或×年徒刑），依據校規第×條，開除學籍。」多少年輕的生命在反獨裁爭自由中犧牲！

有幾件我「目睹」或「耳聞」的政治事件，在當時校外人或現在的後輩看來，必定是匪夷所思的。

（一）女生宿舍匪諜案：治安單位接獲「有匪諜潛伏在臺大女生宿舍」情報。但誰敢到臺大抓人？傅斯年校長是可以和蔣介石平起平坐的人物。在「如未尋獲確切證物，該單位首長要反坐」的條件下，傅校長勉強點頭。據說在翻箱倒篋無所獲時，特務們急得滿身大汗；後來才找到縫在棉被裡的「匪黨指令」。在法有明訂「共產黨是叛亂組織」下：惡法亦法，學校無力保護學生安全，實在無奈！

（二）迎新會上扭秧歌：某次迎新會上，某社團表演的節目被大陸籍學生認出是中共文宣隊常跳的扭秧歌。臺下噓聲四起，更有人摔椅子。事後論處，校方認為該節目經過訓導處核准，鬧事者很明顯把黨派之爭帶入校園內。帶頭的兩位國民黨籍學生被校方勒令退學。不旋踵，該社團指導教授及部分學生因匪諜案被捕。上述兩位學生經由教育部請求復學。校方以訓導會議的決議無法收回，拒絕之。其他學校對此兩位「職業學生」，同樣敬謝不敏。最後，國民黨只好出資讓他們留學去也！

（三）商女不知亡國恨？當「克難運動」如火如荼之際，美軍顧問團眷屬和臺北政商名流的太太小姐們合辦一場時裝表演秀，一些退伍軍人搗毀會場抗議。「臺大思潮」以「商女不知亡國恨，隔江猶唱後庭花」為題著文評之。課外活動組認為「有挑撥中、美感情」之嫌，禁止刊登；學生不從。「臺大思潮」該期雜誌出版後，被禁止販售；

雜誌社遂改為免費贈送（我取得一本）。事情鬧僵了，校方乃以「課外活動組組長調職」平息眾怒，學生在言論自由上打贏了這一仗。

（四）救國團入侵臺大：以教「軍訓」為由，教官們悄悄地（初期不敢著軍裝）進入臺大，擔任活動管理及舍監工作。我們宣誓加入救國團的典禮是在臺北三軍球場舉行，兼團長蔣介石親臨訓話。隊伍前每隔幾步站著一位憲兵，面對學生監控。「向國父遺像行三鞠躬禮」如儀後，「向蔣總統玉照一鞠躬」時，有部分學生紋風不動；且後面傳來「人沒死，幹嗎要向照片行禮？」之聲。憲兵們乾瞪眼不敢發作。對付不肯加入救國團的學生，教官們有毒招：期末考憑團證領軍訓考卷。軍訓是必修科，但仍有學生不受要挾。後輩臺大人中好像只有鄭南榕拒修「國父思想」，而領不到畢業證書，差堪媲美這種讀書人的風骨。

一九五六年我臺大外文系畢業。來時我是一個stranger（陌生人），走時我依舊是一個stranger。我不後悔進臺大，對能在亂世中享有四年不受管束的生活，我心存感激。我無意為自己的孤僻、懦弱、懈怠、一事無成找藉口；我只想向後輩陳述一個事實：在那個「小心！匪諜就在你身旁。」的時代，在整個文學院裡，我沒有一個澎湖同鄉，也沒有一個馬中校友；（僅有的一位是外省人）我如何呼朋引伴，甚至成群結黨？一個人的出生地幾乎決定了他大半前程。這就是所謂「場所的悲哀」（李登輝總統譯為「生為臺灣人的悲哀」；假如由我翻譯，就變成「生為澎湖人的悲哀」）。

三、重遊臺大　感慨萬千

退休後，有一次藉著到臺北參加遊行之便，我重遊臺大（遊行起點在臺大校門外）。除新建許多大樓外，傅鐘、總圖書館、文學院大樓都屹立如昔。我在一張海報前拿出相機，對準海報上蓋的「課外活動組章」按下快門。幾位男女學生用詫異的眼光望著我。我說「你們貼海報要經過批准？」「是啊！」他們似乎奇怪為何我有此一問。我嘀咕一句：「沒志氣！」隨即踏著沈重的腳步離開。

「積非」會「成是」。解嚴了，但半個世紀戒嚴文化的遺毒何時才能清除殆盡？本文刊出時，總統大選的結果應該已經揭曉。在此我只質疑投票前一個月的詭異現象：為何民調中「支持度」與「看好度」那麼懸殊？為何臺灣人不敢相信多數人所支持的人會當選？難道另有黑手控制？還有，「不表態」者為何將近三成？是不敢表態吧！

有人奇怪一個如我已經退休的人，猶孜孜執筆不倦，所為何來？是為贖罪吧！一個人巴巴地看著不義政權摧毀自由民主而「不作為」，不亦有罪？但願有生之年，我能協助導正被戒嚴文化所扭曲的人性，恢復臺灣人的天性光輝。

二〇〇〇年四月 新澎湖雙月刊

懷念省立馬公中學周潤岐老師

周潤岐先生山東單縣人，他擔任我們（馬公高中第二屆）高三國文老師兼導師時已經四十出頭：體態矮胖，頭大眼圓，下半臉的鬍鬚根鐵青。外觀上，他與我小學時代的日籍「先生」有幾分神似。他曾遊學日本，亦會少許日語。

威權時代的教師除授課外就是訓話。偶而有師生私談機會，做學生的只有答「是」的份。周先生是一位標準的嚴師，學生對他敬畏莫名。數十年後，有一次我帶小女去拜訪周師。行前我再三叮嚀：「我們這一代的人跟老師講話時是站著的。太老師叫坐，爸爸才敢坐，然後你再坐。」

以一般國文教師的標準衡量，非科班出身的周師教學良窳，我無從置評。

不過當年的「國文仙」習慣於講解某某註，然後把文言文翻成白話文。周師與眾不同地注重作文，他訓練我們如何把自己的思想、感情用文字表達出來；在這一方面我受益最多。

猶記每次發作文簿時，全班都如坐針氈。「文不對題」「字跡潦草」者通通站著挨罵。去年底陳克孝由美返臺，他邀約我和朱松炎等七、八位高中同學在高雄「蟳之屋」餐敘。席間談起「沙魯」（周師綽號），大家同意他剛正無私之餘，照舊同聲調侃我：「老洪那種毛筆字啊，竟然不會被罵？可見沙魯也會偏心！」「我老洪文章好嘛！」我依舊作出少年時的得意狀；時光剎那間似乎倒流回半個世紀。

我想後輩一定難以置信：周師給我的作文分數常常九十分以上。這種偏愛對出身寒微的我（我的雙親都不識字）是多麼大的鼓勵呀！因此，為人師者應牢記：齊頭式地平等對待每一位學生並非上策，因材施教才是教學的最高境界。我的「自傳」出刊後，周師以龍飛鳳舞的紅毛筆字評曰：「高超的理想要建立在廣大的人群中，萬不可與之脫節。有厚望焉！」這些話成為我一生從事教育工作及政治運動時奉行不逾的座右銘；只是我至今一事無成，愧對周師的殷切期許。

少年的我是個典型的書呆了，對人情世故懵懵然；直到高中畢業後才體會到師恩浩大。考完臺大，三姊大留我在臺北多玩幾天，其實我前途未卜，心亂如麻。三哥來信說：前日巧遇你們周老師，談到你能否考上；他說：「沒有問題！沒有問題！沒有問題！」。周師知遇之恩，我畢生難忘！

此後，我每年都會寄賀年卡給他，周師照例不回學生的卡片。但偶而心有所感，他會來一封三、四頁的長信。旅居高雄後我到臺中的機會較多。每次在臺中車站打電話，確定周師在家後，隨即坐計程車前往拜見。

記得第一次，我為了買禮物傷透腦筋。想到老師、師母那種身材，我只好在遠東百貨公司買了價錢最昂貴的男女睡袍各一件。為此，被周師足足訓斥了一刻鐘。他的理由是：「此例一開，你不方便帶禮物時，不就乾脆不來了嗎？」這話有道理。我亦忝為人師，我相信一生安貧樂道者重「情」不重「物」是極其自然的，絕非矯情。

有一次剛好過年前，我順手帶去一份印有精美國畫的月曆，出乎意料地，周師大喜，連說「好，好東西！我正在發愁要不要到書局買份月曆呢！」我聞言一陣心酸。教師這個職業擁有的人際關係本來就寥寥無幾；退休後，師生之間以前所存在的「利害關係」便如斷線風箏。一份月曆還要花錢去購買！這種門可羅雀的落寞，難道是為師者的宿命？

在僅此一次我留宿周師家的機會中，我們促膝長談；談到我們師生兩人一生的遭遇，可用「同是天涯淪落人」來形容，歸結有三點雷同之處：

（一）周師是北平大學經濟系畢業，卻把「凱恩斯」置諸腦後改教國文；

我是臺大外文系畢業，同樣把法國文學束之高閣而教美式英語。我們進教書此行是誤入歧途，並雙雙迷途不知返。

（二）身處白色恐怖時代，我們偏偏又好議論時政。以周師抗戰時擔任軍中政工的經歷，尚且遭忌；死不肯加入國民黨的我，當然會被歸類為思想「有問題」。我們兩人離開省馬中教職，除了私人原因外，還摻雜著些許不足為外人道的政治因素。

（三）談到當老師這種「年年為他人作嫁衣裳」的工作，師母曾埋怨地說：「你們老師只知道學生考上幾人，忘了自己的兒子考不上。」（周師兩位公子都讀軍校）；我聞言，一陣尷尬後，心有戚戚焉。在高雄女中教過數千學生的我，兩個女兒不也是考不上雄女嗎？「老師的孩子考不上」是教育界常見的「命運的嘲弄」。

周師曾表示他三十餘年的教書生涯中，在澎湖那幾年最快樂自在，教我們這一班時最有成就感。其中原因有三：

（一）我們這一班，畢業人數三十三名，考上臺大五人；本班「秀才」陳克孝尚且以第二高分進入臺大醫科，頓時使「省馬中」校譽名震全臺。周師得天下英才而教育之，豈能不樂乎！

（二）從同學錄上第一位曾清藝算起到最後一位蔡興階，共有十八人當教師。心理學家分析：促使一個人志願當教師的潛在力量之一，是他們學生時代曾經擁有過一位偉大的老師。僅此一項，周師之心滿意足，良有以也。

（三）澎湖的自然條件惡劣，當年教師的待遇菲薄，周師曾慨言：「常常食無肉。」但澎湖人純樸的溫情，使外來人如周師感覺「賓至如歸」。時下論及發展澎湖觀光事業，多著重硬體設施，殊不知軟體「澎湖人的人情味」，才是澎湖的魅力所在。

周師已去世多年，我亦退休多時，每次站在臺中車站，我就悵然若有所失。我想一個人要報答父母恩，只要有心，常能辦到；但常常是「似海師恩，欲報無門」。

一九九九、十一、三臺中之遊後完稿

刊於一九九九年十二月「新澎湖」雙月刊

後記

大哥朝樑和二哥朝棟都由識字的祖父命名。三哥出生，父親順口叫他朝樹。輪到我時，不識字的父親無可如何，就隨便叫我朝枝。這個名字使我成為兒時玩伴取笑的對象，因為「什麼子」、「什麼枝」是最通俗的日本女孩名。童年時家中哥哥姊姊（四個姊姊）叫我Don（西班牙文Don等於英文Sir或Mr.）。文弱的我，平生第一個夢竟是當「海盜船船長」！橫行七海，發現獵物（貨船），升起"Stop or we fire"旗號；那種痛快，令人衷心嚮往之。

二次大戰時改姓名為恒山久吉，親友們叫我「久吉」，學校老師和同學叫我「恒山」（現在如有人打電話到家裡找「恒山」，肯定是小學同學）。終戰後恢復原姓名洪朝枝。

中學時代我醉心詩文，像英國詩人Byron「一朝醒來，發現自己已名聞天下」是我的第二個夢。此時我自號「夢遊詩人」。高三時遇貴人黃天麟君，他手抄一份上屆臺大入學考試試題郵寄給我，友情的鼓勵使我考臺大勢在必得，同學們遂送我一個綽號「大學生」。

大學時代，由印度詩人泰戈爾詩句：「我們的願望以虹霓的彩色借給僅只煙霧般的生命」獲得的靈感，自取筆名「虹霓」。此屆外文系的洋教授叫我Charles。

服預官役時，軍中袍澤叫我Oscar（Oscar是男子名，亦是左輪手槍俗稱，但一般人聯想到電影金像獎）。這是在軍中榮譽座談會上與政治指導員唇槍舌劍贏得的封號。三十年後，我寫政論文章，最常用的筆名是「奧斯卡」。

三十三年的教書生涯，學生給我取過無數外號，其中最著名的是E.T.（E.

T.一語雙關；是English Teacher的縮寫，也是影片中的外星人）。退休後，教師聯盟的同志們叫我「老大」。說「老」，的確是數一數二；說「大」是反諷，因為我刻意扮演「小角色」，私心認為這樣一來可以給這群「稀有品種」的後輩多一些成就感。

洪朝枝

附錄一：憶臺大師長

——酬洪朝枝兄「臺大四年，過眼雲煙」

張琴虎
Chang, Chiu-Hu

二〇〇九年三月二十日（星期五）早上，洪朝枝兄到崧鶴樓來看我，令我大感意外。自從我住進這家老人公寓以來，還沒有任何昔日的同事或朋友前來看過我，洪兄算是破天荒第一人。非常感謝。

朝枝兄送了我一本彭明敏的傳記《自由的滋味》，和一本《信望愛的一生》（陳五福醫師息勞五週年特刊）。另外還有一篇洪兄自己的回憶文〈臺大四年，過眼雲煙〉。這是一篇很有價值的文章，裏頭記載了很多二十世紀中葉臺大外文系師生們鮮為人知的奇聞逸事。將來若有人要編寫一部臺大外文系演變史，絕不能錯過這篇宏文。我在拜讀之餘，似乎也有一些話要說；因此寫了這篇文章，湊湊熱鬧。

朝枝兄是一九五六年從外文系畢業的；我則晚了九年，到一九六四年才畢業。因此洪學長所說的那些老師，只有趙麗蓮和黎烈文兩位教過我，其他則無緣接受其薰陶。像陳大齊先生，我進臺大時他已到政大擔任校長去了。哲學系派了殷海光來教邏輯。殷教授名氣太大，吸引了一百多個學生前來聽講；我則因不喜歡大場面而未選，改選了黃振華老師的哲學概論（此門課以前是方東美教的）。黃老師口才不佳，鄉音亦重，再加上以前從未接觸過哲學，又無課本作為自修的依據；所以上了一年的課而自覺毫無收穫。最後是怎樣及格的我也不知道，而且成績還不低。

英千里老師是我們的系主任。我沒有被他教過，連見面也似乎只有一次：那就是大二時「演說與辯論」課，與別的課程排在同一個時間，而兩門課都是必修。所以只好請系主任解決。他費了一番功夫總算把兩門課錯開了。英老師口操京片子，聽來非常悅耳；說英語據說很典雅，一般沒受過什麼教育的英美人士多聽不懂（聽說蔣夫人宋美齡女士也有類似的情形。因為用字艱深奧妙而不夠口語化，必須有點學問才聽得懂）。這也難怪，他從小就被送到英國去。除了英文學得爐火純青之外，法文聽說也很溜。

夏濟安先生在臺大可能日子過得很不愉快。在他赴美前夕，曾到梁實秋府上辭行。梁問他何時回來，夏先生回曰：「別人問，我可能敷衍一下；但梁先生問，我不能不據實回答，我不回來了。」就這樣子他離開了臺灣，前往美國定居。這事發生在一九五〇年代後期，當時我還在中學讀書，因此無緣識荊。

教過我的老師，雖然不少，但我只想提出兩位來談談。第一位是曾約農先生：他教我們大四的翻譯課。他上課時，總是先講一些翻譯的理論和原則，然後把全班分成若干小組，每組或三人或五人，大家共同翻譯一些老師預備好的題目。他出的習作，絕大多數是中譯英，內容則取材於詩經、楚辭、唐詩等經典。我們這些只讀教科書長大的人，毫無古典文學的訓練，往往看不懂那些深奧的古文，只好半猜半翻，結果當然笑料百出；但偶然也會有令人耳目一新的佳作出現，老師則會在下次上課時予以表揚。

曾教授家學淵源。其曾祖父乃清末咸豐年間的名臣曾國藩，祖父曾紀澤曾任駐英公使，所以約農先生很小的時候就被送去英國讀書，進了英國皇家學院礦冶系。但他志不在此，反而大量閱讀英國文學，致使其英文造詣特別深厚。猶記得我唸高中時，蔣介石有一本《蘇俄在中國》問世，蔣夫人有意讓英美人士也能讀此書，故計畫將此書譯成英文。她考慮了很久，也徵詢過不少人士的意見，終於決定聘請沈劍虹（時任總統英文翻譯官）擔任翻譯工作。他翻好之後，交由葉公超審核，葉乃胡適口中認為他們那一代英文最好的中國人，所以他有十足的資格批改沈劍虹的英文。葉公超審核完後，蔣總統和夫人仍未完全放心，還特意禮聘曾約農教授做最後一次的評估，譯文才算確定下來。足見曾教授的英文，是如何受到當時層峰的信賴和器重。還有，方東美教授晚年的英文巨著《The Spirit And Development of Chinese Philosophy（中國哲學的精神與發展）》，據作者本人在序言裏說的，也是請曾教授批改後才交由聯經出版社出版的。

黎烈文教授教過我們法國文學名著選讀，那也是大四的課。之前我已選修過兩年的法文，照理此時讀一點文學名著，應該不算太難。但上課後才發現，以前所學的一點點皮毛，用來閱讀大師們的散文或小說，根本不夠用，因為生字多如芝麻餅上的芝麻。幸虧黎老師耐心指導，仔細講解，才化解了我們不少的壓力，也讓我們淺嚐了一些原汁原味的法國文學。

黎老師是我們的導師，這是校方所指定，非同學們選出來的。黎老師接任導師後，選了一個大家沒課的下午，邀我們到他家見面。他家在新生南路附近的巷子裏，不遠處有一座清真寺。在六〇年代，那一帶還有許多像黎老師家那樣的日式榻榻米房子。我們進門後，只見榻榻米上已擺了十幾張椅子，茶几上有許多點心。大家坐定之後，老師一一點名，被點到的同學除了答一聲「有」之外，還獲得一本老師所譯的法國短篇小說集《失鳴鳥》，首頁還有黎老師的簽名。此書我一直珍藏著，準備做為傳家寶。

趙麗蓮教授朝枝兄已談得很多，我就不再贅述。不過，我可以補充一點：我認為趙老師的中國基因特別發達。她雖是混血兒，但她比誰都熱愛文化的中國。她經常掛在嘴裏的一句話就是“I'm proud of being Chinese.”（我以身為中國人為榮）。朝枝兄文中還說，學生為她過生日時，想請她切蛋糕（西洋習俗），她不同意，反說：「為什麼不吃壽麵？」（中國習俗）。講英語時，中國式的思考也常讓她把英文說錯，例如她總喜歡though與but連用，就不是英文的正確用法。但瑕不掩瑜，她的英文大致說來，還是不錯的。

當年的臺大外文系，師資比較缺乏。有文學博士學位的，大概也只有盧月化一人而已。在不得已的情況下，只好借用了許多神父、修女來校授課。這些老師，不管背景如何，個個都身懷絕技，滿腹經綸，並且都能熱心指導學生課業。可惜當時還小，智慧尚未開通，不懂得讀書的方法與竅門，因而浪費了不少黃金歲月。如今想來，實在有點後悔莫及。

二〇一〇年一月十五日 臺灣文學評論

附錄二：臨別贈言

——一九六四年向臺大外文系畢業班演講

趙麗蓮

孩子們：我想把要在明天「謝師宴」贈給你們的一段話，提前在今天給予你們，因為我要說的一些個東西中，警惕你們的話遠比祝福你們的為多。

今年我決定告別杏壇了，一方面由於我發現我真的已經老得該退休了，另一方面這將近四十五年的教書生涯，也委實使我的身心很倦乏了；所以你們將是我教的最後一班學生，我對你們每個人的期望很高，我真的不希望你們再讓我失望了。在以往數十年的教書生涯裡，我對大部分我教過的那些孩子們很失望，他們出了校門沒幾年，就把我平日教誨他們的道理拋得遠遠的。你們要知道是什麼毀了他們嗎？對「金錢」與「權勢」的追求，控制了他們整個的身心。

金錢是重要的，但是它絕不值得我們以整個生命去尋求；由歷史裡我們可以得知，「錢財」似乎很少不會破壞了一切美的事物與美的德性，原因很簡單，每當你得到了一筆巨額的錢財，你會希求得到比這更多的錢財，這樣沒有終止的追尋下去，直到生命旅途的終站，你仍舊不會滿足的。我總以為「錢財」所帶給我們罪惡，要遠比它能帶給我們的幸福為多。就以本身來作個例證吧，我生長在一個很富有的家庭，長大以後，我嫁到一個更富裕的人家，可是正為這「錢財」，分散了我自己的家，拉長了我與親朋間的距離，和剝奪了我幸福的一生；除此之外，似乎它什麼也沒有帶給我過。所以孩子們：我永不會希望你們中間能出幾個著名的大富翁，因為它能很輕易的奪去你們一生的幸福。

其次是「權勢」這也是對青年人誘惑力很大的東西。你們現在還太年輕，也許太年輕，也許不會懂「權勢」是多麼的可怕。但我曾親眼見過多少有為的青年，因追求權勢而反為權勢所毀。為什麼會有那麼多有為的青年，因為追求權勢而反為權勢所毀。為什麼不讓我們每個人，只希望好好的盡到自己崗位上的職責呢？在這國家多難之秋，我們每個人應該努力的目標，該是力求把分內的工作做得盡善盡美。西諺說得好：「長江大河是由無數滴小的水珠匯聚而成的。」孩子們：還有一個多月，你們都要單獨起飛了，我不希望你們飛得太高，我只希望你們都能飛得很平穩就好了。在往後的歲月裡，如果你們只知一味的追求「權勢」，到末了你會發現，你在這世界上一無所有；正因為我不希望你們老年再為此而遺憾，所以我誠摯地希望你們牢牢的記住這一點。

最後我要告訴你們的是：不要依賴任何人。不要因為有父母，有知心的好友，有權勢的親戚可靠，就自己鬆懈了下來。在這一切都在變動的世界上，一切都會很快過去的；如果有那麼一天，你們再去依賴誰呢？孩子們：對自己一定要有堅強的信念，因為在這世界上沒有人可以陪伴你一生的，即使你有了太太，你終究有孤獨的一天；在可能的範圍內，盡可能多多充實自己，並且也要盡可能共同養成自己的獨立性；你們知道嗎？友誼是一種犧牲，正如同愛也是一種犧牲一樣；千萬不能養成依靠別人的心理，上帝不也只幫助那自己肯幫助自己的人嗎？孩子們：牢記你們自己的命運是由你們自己來掌握和主宰的，相信命運，只不過是弱者的托詞罷了！

人生的視野對我是越來越模糊了，而你們卻剛要跨入人生這大舞臺的中央；孩子們，我並不傷感，因為生命必然是有些在成長、在茁壯；有些在衰退，在慢慢凋謝的。我的這一點點的人生經驗，是我唯一給予你們每一位的畢業禮物：將來不論你們飄泊到何方，也不論你們做那一項工作，我希望你們的一舉一動，做得像一個堂堂正正的中國人，並且你們更應該以能做一個中國人為榮。我一點不為個人得到一點點知識而自豪，我唯一覺得驕傲的是，我能有機會把我所知道的這麼一點點，完完全全的給予你們這年輕的一代。你們還有一段不算短促的歲月，我也希望你們都有機會把你們自己一點點知識，完完全全的貢獻給多難的國家。我不敢確信我們是否還能再見面，不過，孩子們：只要你們能以我的話，作為你們待人處世的準則，我們不就等於天天見面一樣了嗎？

一九六四年五月

臺大文學院

回響

長輩的鼓勵

接到大作《臺大與我》，非常謝謝。其文筆生動精彩，不隱真情，讀起來極有興趣，欲罷不能。覺得你應多寫這類文章，必會受讀者大大歡迎。

友人的賞識

看了你的《臺大與我》，就像以往你的文章一樣——樸實無華，平白直述中見真情，隱含幽默裡見智慧；讀完後總覺得有一股書生風骨的餘韻。

晚輩的感動

讀起來簡單樸實的文章，字裡行間卻透露出一股溫煦的感情：師生之愛，同學之愛；在那樣的時代，能在那樣的學校生活求知，使我們非常羨慕。許多學生嚮往「讀台大」應該不單是因為虛榮心。

Do人物69　PG0588

臺大與我
——1950年代，我的青春歲月

作　　者／洪朝枝
責任編輯／杜國維
圖文排版／周政緯
封面設計／葉力安

出版策劃／獨立作家
發 行 人／宋政坤
法律顧問／毛國樑　律師
製作發行／秀威資訊科技股份有限公司
地址：114 台北市內湖區瑞光路76巷65號1樓
電話：+886-2-2796-3638　傳真：+886-2-2796-1377
服務信箱：service@showwe.com.tw
展售門市／國家書店【松江門市】
地址：104 台北市中山區松江路209號1樓
電話：+886-2-2518-0207　傳真：+886-2-2518-0778
網路訂購／秀威網路書店：https://store.showwe.tw
國家網路書店：https://www.govbooks.com.tw

出版日期／2016年12月　BOD一版　**定價**／240元

獨立作家
Independent Author
寫自己的故事，唱自己的歌

臺大與我：1950年代，我的青春歲月 / 洪朝枝著.
-- 一版. -- 臺北市：獨立作家, 2016.12
面；　公分. -- ((Do人物；69)
BOD版
ISBN 978-986-93630-9-9(平裝)

1. 言論集

078　　105019601

國家圖書館出版品預行編目

讀者回函卡

感謝您購買本書，為提升服務品質，請填妥以下資料，將讀者回函卡直接寄回或傳真本公司，收到您的寶貴意見後，我們會收藏記錄及檢討，謝謝！如您需要了解本公司最新出版書目、購書優惠或企劃活動，歡迎您上網查詢或下載相關資料：http:// www.showwe.com.tw

您購買的書名：________________________________

出生日期：________年________月________日

學歷：□高中（含）以下　□大專　□研究所（含）以上

職業：□製造業　□金融業　□資訊業　□軍警　□傳播業　□自由業

□服務業　□公務員　□教職　□學生　□家管　□其它____

購書地點：□網路書店　□實體書店　□書展　□郵購　□贈閱　□其他

您從何得知本書的消息？

□網路書店　□實體書店　□網路搜尋　□電子報　□書訊　□雜誌

□傳播媒體　□親友推薦　□網站推薦　□部落格　□其他________

您對本書的評價：（請填代號　1.非常滿意　2.滿意　3.尚可　4.再改進）

封面設計____　版面編排____　內容____　文／譯筆____　價格____

讀完書後您覺得：

□很有收穫　□有收穫　□收穫不多　□沒收穫

對我們的建議：________________________________

____

____

____

請貼
郵票

11466
台北市內湖區瑞光路76巷65號1樓
獨立作家讀者服務部　　收

（請沿線對折寄回，謝謝！）

姓　　名：＿＿＿＿＿＿　年齡：＿＿＿　性別：□女　□男

郵遞區號：□□□□□

地　　址：＿＿＿＿＿＿＿＿＿＿＿＿＿＿＿＿

聯絡電話：(日)＿＿＿＿＿＿＿＿　(夜)＿＿＿＿＿＿＿＿

E-mail：＿＿＿＿＿＿＿＿＿＿＿＿＿＿＿＿